Projekt

Umwelt

Ein Blick
in die
Technik

Projekt

Physik betreiben heißt, etwas
zu tun. Auf den Projektseiten
findet ihr viele Tipps und Anregungen – um etwas zu ma-
chen, das sich am Ende sehen
lassen kann.

gregatzustandsänderungen

FGABEN

Um im Winter einen Keller frostfrei zu halten, kann
man ein paar Eimer Wasser hineinstellen. Wie funktioniert diese Methode?
Fülle nur ganz wenig Wasser in eine leere Getränkedose und bringe es zum Sieden. Stecke anschließend
die Dose mit der Öffnung nach unten in Wasser
(verwende dazu eine Grillzange). Erkläre deine
Beobachtung!
Erhitze langsam Öl in einer Pfanne. Nimm die
Pfanne von Zeit zu Zeit vom Herd und neige sie ein
wenig. Welche Eigenschaft des Öls verändert sich
beim Erhitzen? Erkläre deine Beobachtung!
a) Beschreibe, wie man in einem Experiment erkennen kann, dass zum Schmelzen eines Stoffes
   Wärme erforderlich ist!
b) Erkläre mithilfe des Teilchenmodells, dass zum
   Schmelzen eines Stoffes Energie erforderlich ist!
Ein Eiswürfel ($m = 20$ g) wird in ein Getränk gege-
ben. Seine Anfangstemperatur betrug $-10\,°C$. Nach
dem Schmelzen beträgt die Mischungstemperatur
$+10\,°C$. Wie viel Energie hat der Eiswürfel dem Getränk entzogen? Die spezifische Wärmekapazität
von Eis beträgt $2,1\,J/(g \cdot K)$.
Nenne je ein Beispiel, wo ausgenutzt wird, dass beim
Kondensieren und beim Erstarren eines Stoffes
Energie abgegeben wird!

7. Begründe anhand des Teilchenmodells, dass die
   Temperatur einer Flüssigkeit beim Verdunsten sinkt,
   wenn keine Energie zugeführt wird!
8. Begründe, dass man in einem Raum, in dem Wäsche
   getrocknet wird, gut lüften sollte!
9. Im Winter siehst du draußen oft deinen „Atem".
   Warum siehst du ihn im Sommer nicht?
10. a) Berechne die Energie, die erforderlich ist, um die
    Temperatur von 1 l Wasser von 0 °C auf 100 °C
    zu erhöhen!
    b) Wie viel Wasser lässt sich mit dieser Energie ver-
    dunsten?
    c) Wie viel Eis lässt sich mit dieser Energie schmel-
    zen?
11. Auf Europas höchstem Berg, dem Montblanc
    (ca. 4 800 m), siedet Wasser bereits bei etwa 83 °C.
    a) Gib eine Begründung dafür!
    b) Was würde jemand erleben, der auf dem Mont-
    blanc Gemüse kochen wollte?
    Was könntest du ihm empfehlen?
12. An allen Schnellkochtöpfen gibt es ein Ventil.
    Beschreibe, wozu es dient!
13. Herkömmliche Wäschetrockner blasen viel warme,
    feuchte Luft nach draußen. Beschreibe, auf welche
    Weise man hier durch Kondensation des Wassers
    Energie sparen kann!

USAMMENFASSUNG

chmelzen und Verdampfen
um Schmelzen eines festen Körpers und zum
erdampfen einer Flüssigkeit ist Energie erforderlich.

rstarren und Kondensieren
eim Erstarren einer Flüssigkeit und beim Konden-
ieren eines Gases wird Energie frei.

erdunsten
eim Verdunsten einer Flüssigkeit verlassen Teilchen
it hoher Bewegungsenergie die Flüssigkeit. Die mitt-
re Bewegungsenergie der Teilchen in der Flüssig-
eit wird dadurch kleiner, die Temperatur sinkt, wenn
eine Energie zugeführt wird.

iedetemperatur und Druck
e größer der Druck einer Flüssigkeit ist, desto höher
t ihre Siedetemperatur.

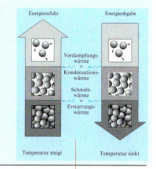

Aufgaben

Sie dienen nicht nur zur Wieder-
holung und zur Übung. Sie sollen dir ebenso helfen, mit dem
Gelernten Neues zu entdecken
oder Altbekanntes neu zu ver-
stehen. Daher sind auch hier oft
kleine Experimente auszuführ-
ren.

Zusammenfassung

Am Ende des Kapitels
wird das Wichtigste
noch einmal auf den
Punkt gebracht.

Ein Blick in ...

Auf diesen Seiten wird über den
Tellerrand geschaut – denn der
Physik begegnest du nicht nur im
Physikraum. Ein *Blick in die Natur*
und ein *Blick in die Technik* verrät,
wo die Physik, die ihr gerade be-
handelt, eine besondere Rolle
spielt.
Beim *Blick in die Geschichte* er-
fährst du, was die Menschen früher schon über die Physik wus-
sten und wie diese Wissenschaft
langsam entstanden ist.

Themenseiten

Hier kannst du dich
gründlich informieren
über *Umwelt, Energie*, und
Gesundheit – Themen, die
jeden von uns direkt be-
rühren.
Wie entsteht das Wetter?
Wie können wir Energie
sparen, um unsere Um-
welt zu schonen? Welche
Rolle spielt die Elektri-
zität in unserem Körper?
Diese Fragen tauchen
nicht nur im Physik-
unterricht auf, sondern
auch in anderen Fächern,
wie z. B. Erdkunde,
Biologie oder Chemie.

Physik *plus*

Gymnasium Klasse 8
Sachsen

Herausgegeben von
Helmut F. Mikelskis und Hans-Joachim Wilke

Lea-Marlen Ludwig

8b

Autoren:
Prof. Dr. Udo Backhaus (Seiten 96, 106–107)
Prof. Dr. Klaus Liebers (Mechanik der Flüssigkeiten und Gase)
Dr. Rolf Otto (Eigenschaften elektrischer Bauelemente)
Prof. Dr. Lutz-Helmut Schön (Thermische Energie)
Helmke Schulze (Kühlschrank und Wärmepumpe)
Dr. Peter M. Schulze (Kühlschrank und Wärmepumpe)
Prof. Dr. Hans-Joachim Wilke (Elektrisches Messen nichtelektrischer Größen)

Herausgeber:
Prof. Dr. Helmut F. Mikelskis
Prof. Dr. Hans-Joachim Wilke

Unter Planung und Mitarbeit der Verlagsredaktion
Dr. Andreas Palmer

Illustration: Roland Jäger, Hans Wunderlich
Technische Zeichnungen: Peter Hesse
Umschlaggestaltung und Layoutkonzept: Wolfgang Lorenz
Technische Umsetzung: Wladimir Perlin

www.cornelsen.de

1. Auflage, 3. Druck 2010 / 06

Alle Drucke dieser Auflage sind inhaltlich unverändert
und können im Unterricht nebeneinander verwendet werden.

Druck: CS-Druck CornelsenStürtz, Berlin

ISBN 978-3-06-012984-3

 Inhalt gedruckt auf säurefreiem Papier aus nachhaltiger Forstwirtschaft.

Inhalt

Mechanik der Flüssigkeiten und Gase

Mit einem 55 m hohen Gasballon starteten im März 1999 BERTRAND PICCARD und BRIAN JONES in die Luft. Von der Schweiz aus gelangten sie zunächst nach Ägypten und dann in die Nähe des Äquators. Dort gibt es im Frühjahr schnelle Winde, welche beständig ostwärts gerichtet sind.
Um stets in der Luftschicht mit den besten Windverhältnissen zu fahren, mussten die Piloten ständig das Volumen des Ballons und seinen Innendruck kontrollieren. So schafften sie die erste Umrundung der Erde mit einem Ballon innerhalb von 19 Tagen.

Druck in Flüssigkeiten und Gasen

Deine Fahrradreifen sollten immer den richtigen Druck haben. Eigentlich sind die Druckbehälter an den Tankstellen nur zum Auffüllen der Autoreifen gedacht. Wenn du aber besondere Ventileinsätze hast, kannst du mit ihnen auch deine Fahrradreifen aufpumpen.
Wie kommt der Druck in einem Reifen zustande?

Druck als physikalische Größe

Dem Druck und seinen Wirkungen begegnet man bei vielen Gelegenheiten, z. B. beim Einsinken im Schnee:

Der Fußgänger sinkt tief ein.

Das schwere Schneemobil sinkt kaum ein.

Die Ursache für das unterschiedlich tiefe Einsinken kann man erkennen, wenn man mehrere Ziegel auf verschiedene Weise auf Schaumstoff legt:

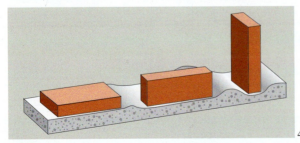

Bei gleicher Gewichtskraft F_G wird der Schaumstoff umso tiefer eingedrückt, je kleiner die Auflagefläche A ist.

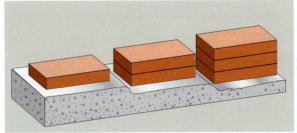

Bei gleicher Auflagefläche A wird der Schaumstoff umso tiefer eingedrückt, je größer die Gewichtskraft F_G ist.

Berechnung des Drucks. Zur Angabe des Drucks betrachet man die Kraft, die senkrecht auf eine bestimmte Fläche wirkt. Der Druck wird berechnet als Quotient aus Kraft F und Fläche A. Das Formelzeichen für den Druck ist p (nach dem englischen Wort *pressure*).

$$\text{Druck} = \frac{\text{Kraft}}{\text{Fläche}} \quad \text{oder} \quad p = \frac{F}{A}$$

Setzt man in dieser Gleichung für die Kraft die Einheit Newton und für die Fläche die Einheit Quadratmeter ein, so erhält man als Einheit für den Druck Newton je Quadratmeter ($\frac{\text{N}}{\text{m}^2}$). Diese Einheit bezeichnet man zu Ehren des französischen Forschers BLAISE PASCAL als Pascal (Pa). 1 Pascal ist ein sehr kleiner Druck. Es ist zum Beispiel der Druck, der von einer dünnen Tischdecke ($m = 102$ g) auf einen Tisch ($A = 1$ m^2) ausgeübt wird. Man benutzt daher meist die Vielfachen dieser Einheit, nämlich Kilopascal (kPa) und Megapascal (MPa).

BLAISE PASCAL (1623–1662)

$$1 \text{ Pa} = 1 \frac{\text{N}}{\text{m}^2} = 0{,}0001 \frac{\text{N}}{\text{cm}^2}$$

$$1 \text{ kPa} = 1\,000 \text{ Pa} = 0{,}1 \frac{\text{N}}{\text{cm}^2}$$

$$1 \text{ MPa} = 1\,000\,000 \text{ Pa} = 100 \frac{\text{N}}{\text{cm}^2}$$

Zur Angabe des Drucks wird häufig auch noch eine ältere Einheit verwendet, das Bar (bar).
Es gilt:
$$1 \text{ bar} = 100 \text{ kPa}, \qquad 1 \text{ bar} = 10 \frac{\text{N}}{\text{cm}^2}.$$

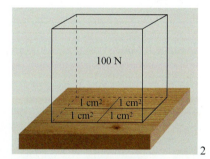

Auflagedruck eines Würfels

Der Würfel im Bild 2 drückt mit einer Gewichtskraft $F_G = 100$ N auf eine Auflagefläche von 4 cm^2. Auf eine Fläche von 1 cm^2 wirkt demnach eine Gewichtskraft von 25 N.
Der Auflagedruck beträgt $25 \frac{\text{N}}{\text{cm}^2}$.

Jetzt kann man auch begründen, weshalb der Fußgänger tiefer einsinkt als das Schneemobil. Dazu vergleicht man die Auflagedrücke.

	Schneemobil mit Fahrer	Fußgänger
Gewichtskraft F_G	10 000 N	900 N
Auflagefläche A	30 000 cm^2	500 cm^2
Auflagedruck $p = \frac{F}{A}$	$0{,}33 \frac{\text{N}}{\text{cm}^2}$	$1{,}8 \frac{\text{N}}{\text{cm}^2}$

Breitere Räder erhalten die lockere Bodenstruktur.

Der Spaziergänger sinkt tiefer in den Schnee ein, weil er einen mehr als fünfmal so großen Auflagedruck ausübt wie das Schneemobil.
Fahrzeuge in der Landwirtschaft und im Bauwesen sind oft groß und schwer. Damit ein Traktor nicht den Ackerboden verfestigt und ein Lkw auf weichem Untergrund nicht zu tief einsinkt, erhalten diese Fahrzeuge besonders breite Reifen (Bild 3). Dadurch werden kleine Auflagedrücke erreicht.
Umgekehrt will man bei Schneidwerkzeugen, wie Kneifzangen oder Messern, extrem hohe Drücke erreichen (Bild 4). Dazu müssen die Schneiden eine besonders kleine Auflagefläche haben.

Erzeugung eines großen Auflagedrucks

Gasdruck

Will man mit Luft gefüllte Bälle, Luftmatratzen oder Fahrradschläuche eindrücken, muss man eine Kraft aufwenden. Lässt man sie los, federn sie elastisch zurück. Das kann man besonders gut beobachten, wenn sie nicht so prall aufgepumpt sind. Dieses Zurückfedern kennst du von einer Hüpfburg in einem Vergnügungspark (Bild 1). Auch andere eingeschlossene Gase zeigen dieses Verhalten, zum Beispiel die Heliumfüllung in einem Kinderballon.

Entstehung des Gasdrucks. Gase bestehen aus Molekülen. Diese können sich frei und ungeordnet bewegen. Oft stoßen zwei Moleküle zusammen. Dabei ändern sie ihre Bewegungsrichtung. Als Folge dieser gegenseitigen Stöße der Moleküle aufeinander entsteht in dem Gas ein „Gedränge", ähnlich wie in einer Menschenmenge.

Befindet sich ein Gas in einem Gefäß, stoßen die Moleküle auch gegen die Wände. Von dort prallen sie zurück und fliegen mit geänderter Richtung weiter, bis sie wieder gegen ein anderes Molekül oder gegen eine Wand stoßen. Es gibt dabei keine bevorzugte Bewegungsrichtung der Moleküle und auch keine bevorzugte Gefäßwand, gegen welche die Moleküle prallen (Bild 2). Der Druck in einem eingeschlossenen Gas ist die Folge der Stöße der Moleküle gegeneinander und gegen die Gefäßwand. An den Gefäßwänden entstehen so nach außen gerichtete Kräfte. Durch diese Druckkräfte auf die Gefäßwände erhalten verformte Bälle, Fahrradreifen und Matratzen ihre alte Form zurück.

> Der Druck in einem eingeschlossenen Gas entsteht durch die Stöße der Gasmoleküle gegeneinander und gegen die Gefäßwände.
> In einem Gefäß ist der Gasdruck an allen Stellen gleich groß. Der Gasdruck wirkt allseitig. Auf die Gefäßwände wirken Druckkräfte.

Messen des Gasdrucks. Zum Messen des Gasdrucks benutzt man Manometer (Bild 3). Manometer messen den Gasdruck auf verschiedene Weise. Eine Ausführungsform zeigt Bild 4.

Das Manometer ist über einen Stutzen oder Schlauch mit dem gasgefüllten Gefäß verbunden. Je größer der Gasdruck in dem Gefäß wird, desto stärker wird der Deckel im Manometer verbogen. Die Bewegung des Deckels wird auf den Zeiger übertragen.

Beispiele für Drücke			
Pkw-Reifen	200 kPa	Spraydose	1 000 kPa
Lkw-Reifen	600 kPa	Sauerstoffflasche	15 000 kPa
Fahrradreifen	bis 800 kPa	Pressluftflasche	20 000 kPa

Es gibt verschiedene Möglichkeiten, den Druck eines eingeschlossenen Gases zu vergrößern oder zu verkleinern:
– Änderung der Menge des Gases,
– Änderung des Volumens des Gases,
– Änderung der Temperatur des Gases.

1

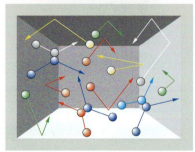

2

In einem eingeschlossenen Gas stoßen die Moleküle aneinander und gegen die Gefäßwände.

3

Manometer an der Tankstelle

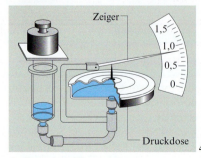

4

Aufbau eines Manometers

Druck in Flüssigkeiten

Unter Kindern ist es ein beliebtes Spiel, andere mit einer Wasserpistole zu bespritzen. Untersucht man eine solche Spritze genauer, erkennt man einen wasserdichten Zylinder. An einem Ende befindet sich ein beweglicher Kolben. Am anderen Ende ist eine Düse angebracht. Drückt man den Kolben hinein, spritzt es durch die Düse heraus. Ähnliches kann man beobachten, wenn man eine Luftpumpe mit Wasser füllt und dann den Kolben hineindrückt. Das zeigt auch ein Experiment.

EXPERIMENT 1
An einer Spritze befindet sich eine Kugel mit mehreren gleichen Düsen. Man füllt diese Kugelspritze mit Wasser und drückt den Kolben hinein.

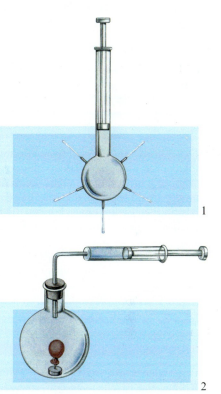

1

Durch die am Kolben wirkende Kraft wird das Wasser nach allen Seiten herausgepresst. Im Wasser herrscht ein Druck. Auf die Gefäßwände wirken Kräfte. Im folgenden Experiment soll untersucht werden, wie sich die Kraft auf einen Kolben im Inneren der Flüssigkeit auswirkt.

EXPERIMENT 2
Eine Flasche und ein Kolbenprober sind miteinander verbunden und mit Wasser gefüllt. In der Flasche befindet sich ein kleiner Luftballon. Der Kolben wird in den Kolbenprober hineingedrückt.

2

Mit zunehmender Kraft auf den Kolben wird der Luftballon von allen Seiten zusammengedrückt. Die Kraft auf den Kolben erzeugt in der Flüssigkeit einen Druck. Dieser Druck existiert in der gesamten Flüssigkeit – auch an allen Gefäßwänden.

Flüssigkeiten bestehen aus Molekülen, die sich dicht beieinander befinden. Bei ihren Bewegungen stoßen die Moleküle ständig auf andere Moleküle. Hierdurch entsteht der Druck in Flüssigkeiten. Da die Moleküle auch an die Gefäßwände stoßen, wirkt auf die Gefäßwände eine nach außen gerichtete Kraft.
Drückt ein Kolben auf die Flüssigkeit (Bild 3), so können die Moleküle kaum dichter zusammengedrückt werden. Die vom Kolben ausgeübte Kraft wird auf alle Moleküle und in alle Richtungen weitergegeben. Die Moleküle wirken nun heftiger aufeinander ein als zuvor. Das heißt: Der Druck in der Flüssigkeit erhöht sich.

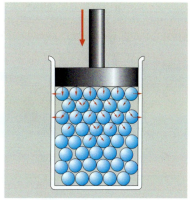

3

> In einer eingeschlossenen Flüssigkeit ist der Druck an allen Stellen gleich groß. Er wirkt in alle Richtungen.

Das gilt allerdings nur, wenn man die Gewichtskraft der Flüssigkeit unberücksichtigt lässt.
Der Druck in einer Flüssigkeit lässt sich über die Kraft bestimmen, die auf eine Flächeneinheit der Gefäßwände wirkt.

Wie für den Gasdruck, gilt auch für den Flüssigkeitsdruck: $p = \dfrac{F}{A}$.

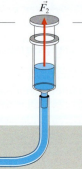

Übertragen und Vergrößern von Kräften. Mit der Apparatur in Bild 1 lässt sich zeigen, wie Bewegungen und Kräfte durch eine Flüssigkeit übertragen werden können. Drückt man den einen Kolben ein Stück hinein, so bewegt sich der Kolben am anderen Ende genau so weit hinaus. Das gilt allerdings nur, wenn beide Kolben dieselbe Querschnittsfläche haben.

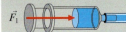

1

Druckkräfte und Bewegungen können sehr gut durch die Flüssigkeit weitergegeben werden, weil das Volumen der Flüssigkeit sich auch bei Druckerhöhung nicht ändert. Wäre im Schlauch ein Gas, so könnte es zusammengedrückt werden und die Bewegung würde nicht übertragen. Unter bestimmten Bedingungen können die Kräfte nicht nur übertragen, sondern auch vergrößert werden. Das wird in **hydraulischen Anlagen** genutzt.

EXPERIMENT 3
Zwei Kolbenprober mit unterschiedlichen Querschnittsflächen werden durch einen Schlauch verbunden. Die Apparatur wird mit Wasser gefüllt.
Auf den einen Kolbenprober wird mit einem Federkraftmesser eine Druckkraft ausgeübt.
Mit einem zweiten Federkraftmesser wird die Druckkraft bestimmt, die am anderen Kolbenprober wirkt.

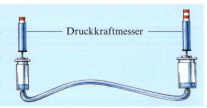

Druckkraftmesser

2

Die beiden Kräfte in Experiment 3 sind unterschiedlich groß. Hat der linke Kolben eine Fläche von 5 cm², so erzeugt die Kraft $F_1 = 10$ N den Druck p:

$$p = \frac{F_1}{A} \qquad p = \frac{10\ \text{N}}{5\ \text{cm}^2} = 2\ \frac{\text{N}}{\text{cm}^2} \ .$$

Mit diesem Druck wirkt die Flüssigkeit auf den rechten Kolben. Seine Fläche beträgt 10 cm². Auf diese Fläche wirkt dann die Kraft F_2:

$$F_2 = p \cdot A \qquad F_2 = 2\ \frac{\text{N}}{\text{cm}^2} \cdot 10\ \text{cm}^2 = 20\ \text{N} \ .$$

Ein Blick in die Natur zeigt viele Beispiele für eingeschlossene Flüssigkeiten, die mit ihrem Druck verschiedene Funktionen erfüllen (Bild 3 und 4).

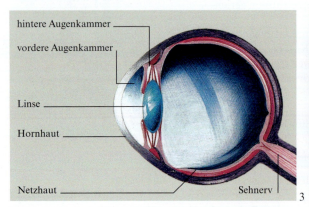

hintere Augenkammer

vordere Augenkammer

Linse

Hornhaut

Netzhaut

Sehnerv

3

4

In der vorderen und hinteren Kammer des Auges befindet sich das Augenwasser. Es dient zur Ernährung der Linse und der Hornhaut. Das Augenwasser steht in einem gesunden Auge unter einem Druck von etwa 2,2 kPa.

Blumen enthalten in ihren Stängeln ein Gefäßsystem zum Wassertransport. Für einige Blumen wie die Kuhschelle dient dies nicht nur zur Ernährung von Blüte und Blättern. Das mit Wasser gefüllte Gefäßsystem gibt auch dem Stängel Halt.

Hydraulische Anlagen

Die Möglichkeit zur Übertragung und Vergrößerung von Kräften nutzt man in vielen technischen Anlagen.

In hydraulischen Anlagen sind zwei verschieden große Zylinder mit beweglichen Kolben über Schläuche miteinander verbunden (Bild 2). Ihr Vorteil gegenüber anderen Vorrichtungen zur Kraftverstärkung besteht darin, dass sie keine Rollen, Zahnräder, Hebel, Seile oder Stangen enthalten, die im Laufe der Zeit verschleißen.

Als Flüssigkeit in einer hydraulischen Anlage wird meistens Mineralöl verwendet. Gegenüber dem Wasser hat Mineralöl den Vorteil, dass es bei den üblichen Wintertemperaturen nicht einfriert und vor Korrosion schützt.

Der Druck in dem Öl beträgt in vielen Anlagen über 10 bar. Um diesem großen Druck standzuhalten, sind stabile Schläuche mit guten Dichtungen erforderlich.

1

2

Der Pumpenkolben wird durch Muskelkraft oder durch einen Motor bewegt. Die Kraft drückt den Pumpenkolben auf die Flüssigkeit und erzeugt dort den Druck p. Dieser Druck pflanzt sich durch die Leitung bis in den Arbeitszylinder fort.

Die am Arbeitskolben wirkende Kraft kann unter zwei Bedingungen besonders groß werden: Man erzeugt am Pumpenkolben einen besonders großen Druck oder man wählt einen Arbeitskolben mit besonders großer Querschnittsfläche.

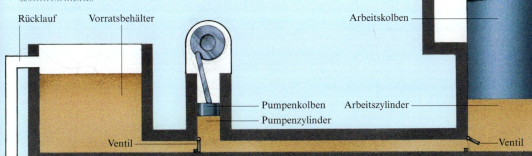

3

Hydraulische Presse. Beim einmaligen Niederdrücken des Pumpenkolbens wird nur wenig Flüssigkeit in den Arbeitszylinder gedrückt, sodass sich der Arbeitskolben nur Bruchteile von einem Millimeter hebt. Deshalb muss der Pumpenkolben bei der Presse mehrmals niedergedrückt werden. Bei großen Pressen übernehmen Elektromotoren das Heben und Senken des Pumpenkolbens.

Ventile sorgen dafür, dass beim Anheben des Pumpenkolbens kein Öl aus dem Arbeitszylinder zurückfließt, aber zusätzliches Öl aus dem Vorratsbehälter eingelassen wird. Soll der Arbeitskolben wieder gesenkt werden, öffnet man das Ventil für den Rücklauf in den Vorratsbehälter.

AUFGABEN

1. Berechne den Auflagedruck, den ein Elefant mit einer Masse von 4 t (Gewichtskraft 40 kN) auf den Boden ausübt (A = 2 800 cm²). Vergleiche ihn mit deinem Auflagedruck (auf Zehenspitzen)!

2. Menschen, die in Eis eingebrochen sind, brauchen Hilfe. Der Helfer im Bild 1 bringt sein Leben selbst in Gefahr. Wie kann sich der Helfer schützen?

1

3. Wie kannst du zahlenmäßig den Auflagedruck von einem Rennrad, einem Tourenrad und einem Mountainbike vergleichen?

4. Mithilfe des Teilchenmodells kann man erklären, warum der Gasdruck größer werden muss, wenn man das Volumen des Gases verkleinert. Versuche es!

5. Beschreibe den Aufbau und erkläre die Wirkungsweise eines Manometers!

6. Mit welcher Kraft drückt die Luft
   a) in einem Pkw-Reifen,
   b) in einem Fahrradreifen,
   c) in einem Lkw-Reifen jeweils auf eine Fläche von 1 cm²?

7. Der Korken einer Sektflasche (A = 3 cm²) wird mit einer Kraft von 200 N herausgedrückt.
   a) Wie groß ist der Druck in der Flasche?
   b) Wie groß ist die Kraft auf die Bodenfläche der Flasche (A = 50 cm²)?

8. Schätze ab, wie groß die Berührungsfläche zwischen Straße und Reifen bei folgenden Fahrzeugen ist:
   a) Fahrrad,
   b) Pkw,
   c) Lkw!
   Mit welcher Kraft wirkt jeweils die eingeschlossene Luft einer Verformung des Reifens entgegen?

9. Halte beim Vergrößern des Brustkastens Nase und Mund geschlossen! Was geschieht beim plötzlichen Öffnen des Mundes?

10. Jemand behauptet: „Eine Luftpumpe sollte einen möglichst großen Durchmesser haben, damit man einen Reifen besonders hart aufpumpen kann." Stimmt das? Begründe!

11. Begründe, dass sich bei Druckerhöhung das Volumen eines Gases verringern kann, das Volumen einer Flüssigkeit aber nahezu konstant bleibt!

12. Wer drückt hier wen weg? Mädchen und Junge sollen gleich stark sein. Begründe!

2

13. Gasdruck und Flüssigkeitsdruck wirken allseitig. Wie ist das beim Auflagedruck?

14. In einer hydraulischen Anlage ist die Kraft am Arbeitskolben 8-mal so groß wie am Pumpenkolben. Der Pumpenkolben wird um 4 cm bewegt. Um welche Strecke bewegt sich der Arbeitskolben?

15. Begründe, dass die Bremsanlage eines Autos von Zeit zu Zeit entlüftet werden muss!

16. Hydraulikschläuche haben oft einen relativ kleinen Durchmesser. Gib eine Begründung dafür!

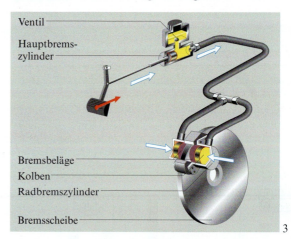

Ventil
Hauptbremszylinder
Bremsbeläge
Kolben
Radbremszylinder
Bremsscheibe

3

17. Bild 3 zeigt das Prinzip einer hydraulischen Bremse in einem Pkw.
    a) Beschreibe den Aufbau der Bremse!
    b) Erkläre ihre Wirkungsweise!

18. Von 4 hydraulischen Anlagen sind folgende Angaben bekannt. Berechne die fehlenden Werte!

	Pumpenzylinder		Arbeitszylinder	
	A in cm²	F in N	A in cm²	F in N
a	10	50	2 000	…
b	100	…	1 000	10 000
c	…	100	3 000	20 000
d	20	150	…	15 000

ZUSAMMENFASSUNG

Auflagedruck
Körper, die auf anderen Körpern aufliegen, erzeugen durch ihre Gewichtskraft einen Auflagedruck.

Gasdruck
Der Druck in einem eingeschlossenen Gas entsteht durch die Stöße der Gasmoleküle gegeneinander und gegen die Gefäßwände.
Der Gasdruck wirkt allseitig.
Auf die Gefäßwände wirken Kräfte.

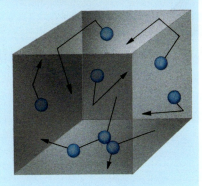

Druck in Flüsigkeiten
In einer abgeschlossenen Flüssigkeit ist der Druck umso größer, je stärker die Moleküle aufeinander und auf die Gefäßwände einwirken.

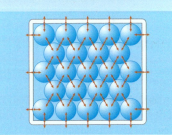

Berechnung des Drucks

$$\text{Druck} = \frac{\text{Kraft}}{\text{Fläche}} \quad \text{oder} \quad p = \frac{F}{A} \qquad \frac{F_A}{F_P} = \frac{A_A}{A_P}$$

F bezeichnet dabei die Kraft, die senkrecht auf die Fläche A wirkt.
Der Druck kann in Pascal (Pa) oder in Bar (bar) angegeben werden.
Es gelten folgende Beziehungen:

$$1\ \text{Pa} = 1\ \frac{\text{N}}{\text{m}^2}$$

$$1\ \text{bar} = 10\ \frac{\text{N}}{\text{cm}^2}$$

$$1\ \text{bar} = 100\ \text{kPa}$$

Der Auflagedruck wird meist in $\frac{\text{N}}{\text{m}^2}$ angegeben.

Messung des Drucks
Der Druck in Flüssigkeiten und Gasen wird mit Manometern gemessen.

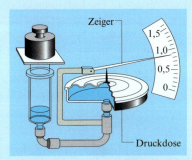

Hydraulische Anlagen
In einer hydraulischen Anlage hat der Pumpenkolben einen kleinen und der Arbeitskolben einen großen Querschnitt. Dadurch ist die Kraft der Flüssigkeit auf den Arbeitskolben größer als die Kraft, mit der der Pumpenkolben gedrückt wird.

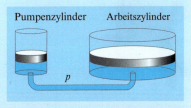

Schweredruck in Flüssigkeiten

Die Erfahrungen beim Tauchen lassen vermuten, dass in einem See besondere Druckverhältnisse herrschen. Das Wasser in einem See unterscheidet sich jedoch von den Flüssigkeiten, die im vorangegangenen Kapitel untersucht wurden: Auf das Wasser wirkt kein Kolben, und es befindet sich nicht in einem geschlossenen Gefäß. Dennoch liegen auch in dieser Flüssigkeit die Moleküle dicht beieinander, und sie wirken aufeinander ein.

Zur Untersuchung der Druckverhältnisse in einem offenen Gefäß lässt sich eine Drucksonde verwenden, die man auch selber bauen kann (Bild 2). Eine Drucksonde besteht aus einer offenen Metalldose, über die eine Gummihaut gespannt ist. Drückt man auf diese Membran, so verkleinert sich das Volumen unter der Membran, bis der Druck der eingeschlossenen Luft gleich dem Wasserdruck ist. Die Luft übt nun auf das Wasser im U-Rohr eine etwas größere Kraft aus. Das Wasser wird im linken Schenkel nach unten gedrückt. Zwischen den beiden Wassersäulen im U-Rohr entsteht eine Höhendifferenz, die als ein Maß für den Druck in der Drucksonde angesehen werden kann.

Im folgenden Experiment soll das „Abtauchen" unter Wasser mit einer Drucksonde nachvollzogen werden.

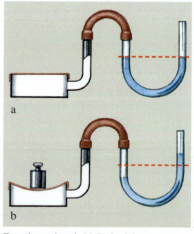

a

b

Drucksonde mit U-Rohr-Manometer

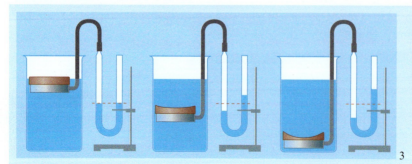

EXPERIMENT 1
Eine Drucksonde wird in einem großen, mit Wasser gefüllten Gefäß nach und nach immer tiefer eingetaucht. An dem angeschlossenen U-Rohr-Manometer wird jeweils die Höhendifferenz abgelesen.

Je tiefer die Drucksonde eingetaucht wird, umso größer wird die Höhendifferenz in den Schenkeln des U-Rohr-Manometers. Der Druck des Wassers wächst mit größerer Tiefe immer mehr an. Wenn wir tauchen, nimmt also tatsächlich die Kraft auf unsere Ohren zu.

Das Experiment 1 kann man mit anderen Flüssigkeiten wiederholen, auch in ihnen nimmt der Druck mit der Tiefe zu.

Entstehung des Schweredrucks. In einem abgeschlossenen Gefäß lässt sich der Druck erhöhen, indem man mit einem Kolben auf die Oberfläche der Flüssigkeit drückt. Bild 1a zeigt einen Kolben, der mit einer Kraft von 1 N auf eine 10 cm² große Wasseroberfläche drückt. Die Wechselwirkung zwischen den Wassermolekülen wird stärker, der Kolbendruck in dem Wasservolumen beträgt 0,1 N/cm².

Wird nun der Kolben durch einen Metallzylinder der Masse 102 g ersetzt, auf den die Gewichtskraft 1 N wirkt, so ist der Druck im Wasser derselbe wie zuvor (Bild 1b).

Bild 1c zeigt ein offenes Gefäß: Über der gedachten Grenzfläche A befindet sich hier eine Wassersäule der Masse 102 g. Auf die Fläche A wirkt also wiederum eine Kraft von 1 N. Mit einer kleinen kalibrierten Drucksonde müsste man in diesem Gefäß 10 cm unter der Wasseroberfläche also einen Druck von 0,1 N/1 cm² messen.

Bei einer Messung wie im Experiment 1 entspricht also die Eintauchtiefe der Drucksonde der Höhe der Wassersäule über der Drucksonde.

Die Masse der Flüssigkeitssäule im Bild 1c hängt davon ab, welche Dichte die Flüssigkeit hat. Je größer die Dichte der Flüssigkeit ist, umso größer ist die Masse einer gleich großen Flüssigkeitssäule. Deswegen muss auch der Schweredruck in einer bestimmten Tiefe umso größer sein, je größer die Dichte der Flüssigkeit ist. Dies kann mit folgendem Experiment überprüft werden.

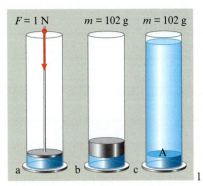

Für den Druck im Wasser spielt es keine Rolle, ob die Kraft auf die Fläche A durch einen Kolben, einen Metallzylinder oder eine Wassersäule ausgeübt wird.

Dichte einiger Flüssigkeiten in g/cm³	
Öle etwa	0,8
Wasser bei 4 °C	1,00
Salzlösung	1,0 … 1,16
(je nach Konzentration)	
Quecksilber	13,6

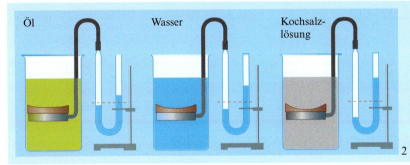

EXPERIMENT 2
Die Drucksonde wird in unterschiedliche Flüssigkeiten eingetaucht. Die Tiefe unter der Oberfläche ist in allen Fällen gleich groß. Am U-Rohr-Manometer wird jeweils die Höhendifferenz abgelesen.

Das Experiment wird bei einer anderen Eintauchtiefe wiederholt.

Bei gleicher Tiefe der Drucksonde ist der Druck umso größer, je größer die Dichte der Flüssigkeit ist. Es gilt also für den Schweredruck:

> Der Schweredruck in einer Flüssigkeit ist umso größer, je größer die Tiefe ist und je größer die Dichte der Flüssigkeit ist.

Für die Moleküle an einem bestimmten Ort spielt es keine Rolle, ob der Druck durch einen Kolben oder durch eine Wassersäule zustande kommt. Je größer der Druck ist, umso stärker wirken die Moleküle aufeinander und auf die Gefäßwände ein – und zwar nach allen Richtungen. Daher wird auch im Bild 3 die Glasscheibe von unten an das offene Glasrohr gedrückt. Man kann die Scheibe sogar noch mit ein paar Wägestücken belasten.

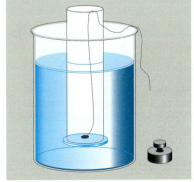

Berechnung des Schweredrucks. Bei großen Tauchtiefen kann der Schwere-druck des Wassers eine Gefahr darstellen (siehe auch S. 25).

Um den Druck einer Flüssigkeit in der Tiefe h zu ermitteln, muss man die Gewichtskraft einer Flüssigkeitssäule mit der Grundfläche A kennen (Bild 1).

Für die Gewichtskraft der Flüssigkeitssäule gilt: $F_G = m \cdot g$, $g = 9{,}81\ \dfrac{N}{kg}$.

Die Masse m der Flüssigkeitssäule ergibt sich aus ihrem Volumen V und der Dichte ϱ der Flüssigkeit: $m = \varrho \cdot V$.

Das Volumen V lässt sich aus Grundfläche und Höhe berechnen: $V = A \cdot h$. Damit kann man für die Gewichtskraft schreiben:

$$F_G = m \cdot g.$$
$$= \varrho \cdot V \cdot g$$
$$= \varrho \cdot A \cdot h \cdot g.$$

Für den Schweredruck ergibt sich damit:

$$p = \frac{F_G}{A} = \frac{\varrho \cdot A \cdot h \cdot g}{A}, \text{ also: } p = \varrho \cdot h \cdot g.$$

> Für den Schweredruck in einer Flüssigkeit gilt: $p = \varrho \cdot g \cdot h$.

Diese Gleichung stimmt mit den Ergebnissen der Experimente 1 und 2 über-ein. Außerdem erkennt man, dass die Grundfläche der gedachten Flüssig-keitssäule für den Schweredruck keine Bedeutung hat.

Hydrostatisches Paradoxon. Hängt der Schweredruck auch von der Form des Gefäßes ab? Mit einem besonderen Gerät lässt sich die Druckkraft auf die Bodenfläche verschiedener Gefäße bestimmen.

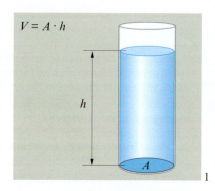

$V = A \cdot h$

1

Schon gewusst?

Streng genommen lässt sich die Glei-chung für den Schweredruck nur anwenden, wenn die Dichte der Flüssigkeit in der gesamten „Säule" gleich ist. Dies trifft normalerweise auch zu, da sich Flüssigkeiten kaum zusammendrücken lassen. In einer Wassertiefe von 10 000 m ist die Dichte von Wasser jedoch um 4% größer als an der Oberfläche. Auch in diesem Fall gilt jedoch $p = F_G / A$.

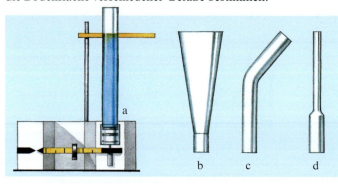

a   b   c   d   2

EXPERIMENT 3
Auf das abgebildete Gerät werden nacheinander verschieden geformte Röhren mit gleicher Grundfläche auf-gesetzt.

Die Röhren werden jeweils bis zur gleichen Höhe mit Wasser gefüllt. Die Druckkraft wird mit einem Wägestück über einen Hebel aus-geglichen.

Das Experiment führt zu einem überraschenden Ergebnis, das auch als *hydrostatisches Paradoxon* bezeichnet wird:

> Der Schweredruck ist von der Form des Gefäßes unabhängig.

Die Zunahme des Schweredrucks mit der Tiefe müssen die Ingenieure bei allen Wasserbauwerken berücksichtigen. Ein wichtiges Beispiel für solche Bauwerke sind Talsperren, die als Talabschluss einen Stauraum zur Wasserspeicherung schaffen. Für deren Konstruktion gibt es verschiedene Möglichkeiten. Bild 3 zeigt eine so genannte Gewichtsstaumauer, bei der die Dicke von der Krone zur Sohle hin zunimmt. Da Staumauern nicht selten Höhen von 100 m erreichen, müssen die großen Kräfte durch elastische Trä-gerverbindungen auch auf die felsigen Talwände übertragen werden.

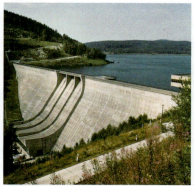

Gewichtsstaumauer

3

Luftdruck

Die Erde ist von einer Lufthülle umgeben. Wir leben also gewissermaßen auf dem Grund eines riesigen „Luftmeeres". Im Meer entsteht der Schweredruck des Wassers dadurch, dass auf das Wasser eine Gewichtskraft wirkt. Ebenso entsteht in der Lufthülle der Erde ein Schweredruck, denn auch auf die Luft wirkt eine Gewichtskraft.
Der menschliche Körper hat sich dem Schweredruck der Luft so angepasst, dass wir diesen nicht bemerken. Daher sind wir im täglichen Leben manchmal überrascht, wenn wir den Wirkungen des Luftdrucks begegnen (Bild 1).

Wie groß der Luftdruck ist, lässt sich mithilfe eines Experiments abschätzen (Bild 2). Zieht man mit einem Federkraftmesser am Kolben eines Kolbenprobers, so strömt bei offenem Hahn Luft nach. Die Luft wirkt sowohl von innen als auch von außen auf den Kolben. Die Kräfte von der Luft auf den Kolben heben sich gegenseitig auf. Der Federkraftmesser zeigt daher nur die Reibungskraft zwischen Glaswand und Kolben an (Bild 2a). Diese Kraft ist sehr klein.
Wiederholt man die Messung bei geschlossenem Hahn, ist eine viel größere Kraft erforderlich, um den Kolben in Bewegung zu setzen (Bild 2b). Jetzt drückt die Luft nur von außen auf den Kolben. Zusätzlich zur Reibungskraft muss daher noch die Kraft F_{Luft} überwunden werden. Wird ein Kolben mit einem Querschnitt von $A = 6\ cm^2$ verwendet, so ergibt sich für die von der Luft ausgeübte Kraft F_{Luft} ein Betrag von 61 N. Damit kann man den Luftdruck abschätzen:

$$p = \frac{F_{Luft}}{A} \qquad p = \frac{61\ N}{6\ cm^2} \qquad p \approx 10\ \frac{N}{cm^2}$$

Der so ermittelte Luftdruck beträgt annähernd $10\ \frac{N}{cm^2}$ oder 100 kPa. Auf der Erde ist der Luftdruck nicht überall gleich groß. Daher gibt man als Normdruck einen mittleren Wert an:

> Der mittlere Luftdruck beträgt auf dem Meeresspiegelniveau 101,3 kPa.

Messgeräte für den Luftdruck. Die Geräte zum Messen des Luftdrucks heißen auch Barometer (griech. *barys* für schwer). Ein Dosenbarometer funktioniert ähnlich wie ein Manometer zur Messung des Drucks von eingeschlossenen Gasen (vgl. S. 8). Bei Zunahme des Luftdrucks wird die Dose zusammengedrückt. Die Bewegung des Dosendeckels wird auf den Zeiger übertragen (Bild 4).

Der Luftdruck verhindert, dass das Wasser ausfließt.

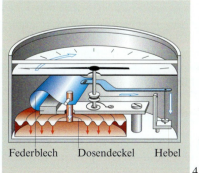

Messungen zum Abschätzen des Luftdrucks

Schon gewusst?

Überdruck. Auf den Messgeräten der Tankstellen wird der Druck von Auto- und Fahrradreifen als Überdruck angegeben. Er wird zumeist in der Einheit Bar angezeigt (1 bar = 100 kPa). 1 bar entspricht etwa dem Atmosphärendruck.
Bei einer Anzeige von 2,2 bar beträgt der tatsächliche Gasdruck im Reifen 3,2 bar. Wenn das Gerät 0 bar anzeigt, herrscht im Reifen kein Überdruck gegenüber der Außenluft. Dennoch ist der Reifen nicht luftleer. Die Luft im Reifen hat nur den gleichen Druck wie die Außenluft.

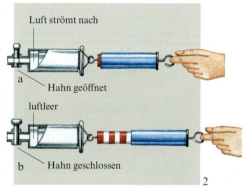

Federblech   Dosendeckel   Hebel

Vakuum und Luftdruck

Gibt es ein Vakuum? OTTO VON GUERICKE (Bild 1) interessierte sich für die Frage: Könnte man einen luftleeren Raum herstellen? Einen solchen Raum nennt man ein Vakuum. Für seine Untersuchungen beschäftigte er sich zuerst mit dem Bau von Luftpumpen. Mit diesen pumpte er die Luft aus Fässern und kupfernen Hohlkugeln. Zwei Männer mussten eine Stunde pumpen, bis aus einer Kugel mit einem Durchmesser von einem halben Meter fast die gesamte Luft heraus war.

In einem großen Schauversuch wollte GUERICKE den Menschen zeigen, mit welch großer Kraft der Luftdruck auf einen Körper wirkt. Dazu fügte er zwei kupferne Halbkugeln mit einem Durchmesser von 42 cm zusammen und pumpte die Luft heraus. Als Dichtung benutzte er einen mit Wachs und Terpentin getränkten Lederring. Für den Anschluss der Luftpumpe besaß die Kugel einen mit einem Hahn verschließbaren Stutzen. In der Mitte hatten die Halbkugeln starke Ösen. Nach dem Auspumpen konnten so an jede Kugelhälfte acht Pferde angespannt werden. Nur manchmal gelang es den Pferden, die zwei Kugelhälften auseinanderzureißen. Das geschah dann mit einem lauten Knall, als ob eine Kanone abgefeuert würde. OTTO VON GUERICKE wurde durch dieses Experiment in vielen Ländern bekannt, es wurde in anderen Städten wiederholt (Bild 2).

OTTO VON GUERICKE (1602–1686) war fast 50 Jahre Bürgermeister von Magdeburg und zugleich Naturforscher.

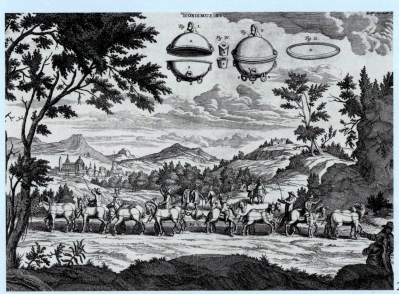

GUERICKES Experiment mit den Magdeburger Halbkugeln

Luftdruck am Fuße und auf der Spitze eines Berges. BLAISE PASCAL untersuchte nicht nur den Schweredruck im Wasser, sondern auch den Luftdruck. So wollte er nachweisen, dass der Luftdruck durch die Gewichtskraft der Lufthülle zustande kommt. Dazu ließ er den Luftdruck am Fuße und auf der Spitze eines hohen Berges messen. Der Beweis gelang, auf dem Berg war der Luftdruck kleiner.

Heute schickt man Barometer mit Wetterballons mit. Die Messungen zeigen, dass die Lufthülle der Erde bis in einige hundert Kilometer Höhe reicht. Mit zunehmender Höhe wird der Luftdruck kleiner. Bereits in 5,5 km Höhe ist der Luftdruck nur noch halb so groß wie auf Meeresspiegelniveau. Daher benutzen Bergsteiger in größeren Höhen Atemgeräte.

AUFGABEN

1. Füllt man in ein U-Rohr zwei verschiedene, nicht mischbare Flüssigkeiten, so stehen diese in den Schenkeln nicht gleich hoch (Bild 1). Wie ist das zu erklären?

2. Wie groß sind in einem Schwimmbecken der Schweredruck des Wassers und die Kraft auf das Trommelfell ($A = 0,5$ cm^2) in a) 1 m, b) 2 m und c) 5 m Tiefe?

3. Ermittle den Schweredruck, der durch eine 5 m hohe Wassersäule (Querschnitt z. B. $A = 1$ cm^2) hervorgerufen wird! Überlege der Reihe nach: $V = ?$ cm^3, $m = ?$ g, $F_G = ?$ N, $p = ?$

4. a) Berechne den Schweredruck in Wassertiefen von 60 m, 1000 m und 10 907 m!
   b) Welche Schlussfolgerungen ergeben sich daraus für den Bau von Taucheranzügen und Tauchbooten?

5. Begründe, dass man die Gleichung $p = \varrho \cdot g \cdot h$ nicht verwenden kann, um den Schweredruck in der Lufthülle der Erde zu berechnen!

6. a) Beim Blutdruckmessen wird oft die Einheit mmHg („Millimeter Quecksilbersäule") verwendet. Überlege, wie diese Einheit festgelegt wurde!
   b) Begründe, dass der Blutdruck am Arm in Höhe des Herzens gemessen wird!

7. Der Saugfuß eines Hakens hat einen Querschnitt von 12 cm^2. Mit welcher Kraft drückt die Luft auf den Saugfuß?

8. Schätze die Kraft, mit der die Luft auf deine Körperoberfläche drückt ($A \approx 1,5$ m^2)! Warum wirst du nicht zerquetscht?

9. Bestimme mit einem Dosenbarometer den Luftdruck im Keller und im Dachgeschoss eures Wohnhauses! Was beweisen deine Messungen?

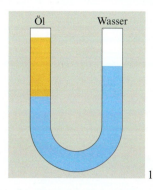

Öl   Wasser

1   2

10. Das Glasrohr in Bild 2 hat einen Querschnitt von 5 cm^2 und taucht 30 cm tief in das Wasser hinein. Wie groß muss die Masse des Wägestücks sein, damit es den Schweredruck des Wassers überwindet und die Glasplatte nach unten drückt?

11. Die Magdeburger Halbkugeln auf S. 18 haben einen Durchmesser von 42 cm. Schätze die Kraft ab, die nötig war, um sie zu trennen.

12. Begründe, dass am Boden eines trichterförmigen Gefäßes der Schweredruck nicht größer ist als am Boden eines gleich hohen zylindrischen Gefäßes!

13. Auf einem Gartenfest kam ein Gast auf eine besondere Idee, wie er seine Limonade trinken könnte. Statt eines Strohhalms wollte er von der obersten Sprosse einer Leiter aus einen dünnen Schlauch benutzen. Ob ihm das wohl gelungen ist? Probiere es aus!

14. Die Dicke von Staumauern nimmt meistens nach unten hin zu. Muss bei der Konstruktion einer Staumauer außer der Tiefe auch das Volumen des Stausees berücksichtigt werden? Begründe deine Antwort!

ZUSAMMENFASSUNG

Schweredruck in Flüssigkeiten
Der Schweredruck entsteht durch die Gewichtskraft der Flüssigkeit.
Der Schweredruck ist umso größer, je größer die Tiefe und je größer die Dichte der Flüssigkeit sind.

$p = \varrho \cdot g \cdot h$

Der Schweredruck ist von der Form des Gefäßes unabhängig.
In verbundenen Gefäßen stehen gleiche Flüssigkeiten gleich hoch.

Luftdruck
Der Luftdruck ist der Schweredruck in der Lufthülle der Erde.
Der mittlere Luftdruck beträgt auf Meeresspiegelniveau 101,3 kPa.

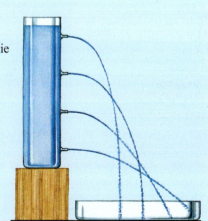

Wenn du beim Baden einen Ball unter die Wasseroberfläche drücken willst, musst du dich ziemlich anstrengen. Lässt du ihn los, springt er aus dem Wasser heraus.
Ein großer Stein lässt sich unter Wasser leicht anheben. Will man ihn aber auch noch aus dem Wasser herausheben, reicht manchmal die Kraft nicht aus.
Und wirft man ein Stück Holz ins Wasser, schwimmt es. Nimmt man aber ein Stück Eisen, geht es unter. Warum schwimmen jedoch Schiffe mit Stahlkörpern wie dieser Ausflugsdampfer?

Auftriebskraft

Im Wasser wirkt auf jeden Ball eine Kraft, die ihn aufwärts treibt. Diese Kraft nennt man Auftriebskraft $\vec{F}_A$. Die Auftriebskraft bemerkt man auch beim Tauchen. Durch Schwimmbewegungen muss man ihr ständig entgegenwirken, sonst treibt sie einen nach oben.

EXPERIMENT 1
1. Hänge einen Körper (Stein, Metallstab oder Wägestück) an einen Federkraftmesser und bestimme die Kraft F_Z, mit der der Körper am Federkraftmesser zieht!
2. Tauche den Körper vollständig in Wasser ein und bestimme erneut die Kraft, mit welcher der Körper am Federkraftmesser zieht!
3. Berechne aus den Messwerten die Auftriebskraft F_A!
4. Wiederhole die Messungen mit anderen Körpern!
5. Tauche einen Körper anschließend auch einmal in andere Flüssigkeiten ein!

Es ist zu beobachten: In allen Fällen zeigt der Federkraftmesser eine kleinere Kraft an, wenn der jeweilige Körper in die Flüssigkeit eingetaucht ist. Daraus lässt sich schließen:

In allen Flüssigkeiten wirkt auf eingetauchte Körper eine Auftriebskraft $\vec{F}_A$.

Diese Auftriebskraft $\vec{F}_A$ wirkt der Gewichtskraft $\vec{F}_G$ entgegen. Deshalb kann man einen großen Steinbrocken im Wasser zunächst leicht vom Grund anheben. Sobald der Stein aber aus dem Wasser herausragt, wird die Auftriebskraft kleiner und man muss am Ende die gesamte Gewichtskraft, mit der der Stein nach unten gezogen wird, überwinden. Daher kann man häufig den Steinbrocken trotz größter Mühe nur teilweise aus dem Wasser herausstemmen.

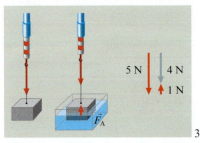

Die Auftriebskraft wirkt der Gewichtskraft entgegen.

Archimedisches Gesetz

Bereits im Altertum kannte man den Auftrieb der Körper in Flüssigkeiten. Der griechische Naturforscher ARCHIMEDES (etwa 285 – 212 v. Chr.) untersuchte als Erster, wie groß die Auftriebskraft $\vec{F}_A$ ist. Er führte seine Untersuchungen in mehreren Schritten durch.

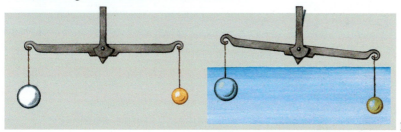

1

ARCHIMEDES wählte zwei unterschiedlich große Stücke Gold und Silber, die sich an einer Waage das Gleichgewicht hielten. Tauchte er die Körper in eine Wasserschüssel ein, hob sich die Seite des Wägebalkens, an der das Silberstück hing. Er vermutete, dass die Ursache hierfür das größere Volumen des Silberstücks ist. Zur Prüfung suchte er zwei Silberstücke aus, von denen eines doppelt so groß war wie das andere (Bild 2). Die Messungen bestätigten: Die Auftriebskraft hängt vom Volumen des eingetauchten Körpers ab. ARCHIMEDES wiederholte die Messungen nun mit anderen Flüssigkeiten wie Öl und Salzwasser und erhielt dabei ähnliche Resultate.

Einmal hatte ARCHIMEDES zu viel Flüssigkeit in die Schüssel gefüllt. Beim Eintauchen des Körpers lief ein Teil über den Rand heraus. Ihm kam der Gedanke, die Menge der verdrängten Flüssigkeit mit der Auftriebskraft zu vergleichen. Dazu tauchte er die Körper in randvoll gefüllte Gefäße ein und wog die verdrängte Wassermenge. Er stellte einen Zusammenhang fest, den man heute das **archimedische Gesetz** nennt:

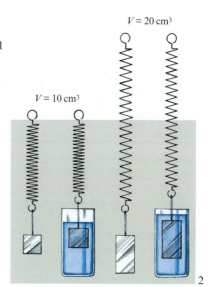

$V = 10$ cm³ $V = 20$ cm³

2

> Für einen Körper, der in eine Flüssigkeit eingetaucht ist, gilt:
> Die Auftriebskraft $\vec{F}_A$ hat den gleichen Betrag wie die Gewichtskraft $\vec{F}_G$ der vom Körper verdrängten Flüssigkeit.

Ein Stein mit dem Volumen $V = 1$ dm³ verdrängt also 1 Liter Flüssigkeit. Ist diese Flüssigkeit Wasser, so ist $F_A = F_{G,\text{Wasser}} \approx 10$ N. Ist die Flüssigkeit Öl, so ist $F_A = F_{G,\text{Öl}} \approx 8$ N. Die Auftriebskraft ist umso größer, je größer die Dichte der Flüssigkeit ist.

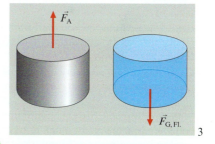

3

Entstehung des Auftriebs. Im Wasser besteht ein Druck. Die Moleküle des Wassers stoßen auf einen eingetauchten Körper. Bild 4 zeigt die Kräfte, die dabei auf die sechs Flächen eines Würfels wirken. Die Kräfte auf die vier Seitenflächen heben sich gegenseitig auf. Die auf die Bodenfläche und die Deckfläche des Würfels wirkenden Kräfte heben sich jedoch nicht auf. Weil der Schweredruck mit der Tiefe zunimmt, ist die von unten wirkende Kraft F_{unten} größer als die von oben wirkende Kraft F_{oben}. Die Auftriebskraft F_A entsteht so als Differenz aus diesen beiden Kräften: $F_A = F_{\text{unten}} - F_{\text{oben}}$. Das bedeutet:

> Die Ursache der Auftriebskraft ist die Zunahme des Schweredrucks mit der Tiefe.

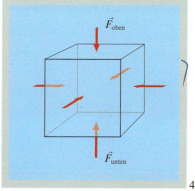

4

Berechnung der Auftriebskraft. Nach dem archimedischen Gesetz ist die Auftriebskraft auf einen Körper gleich der Gewichtskraft der verdrängten Flüssigkeit. Für einen vollständig eingetauchten Quader erhält man die gleiche Aussage, wenn man die angreifenden Kräfte betrachtet:

Bild 1 zeigt einen Quader mit der Höhe H und der Grundfläche A. Auf die obere Deckelfläche wirkt der Schweredruck der Flüssigkeit mit der Kraft $F_1 = p_1 \cdot A$. Auf die untere Deckelfläche wirkt die Kraft $F_2 = p_2 \cdot A$.

Für die Schweredrücke gilt jeweils die Gleichung $p = \varrho \cdot g \cdot h$. Also:

$F_1 = \varrho_{\text{Flüss}} \cdot g \cdot h_1 \cdot A$ und

$F_2 = \varrho_{\text{Flüss}} \cdot g \cdot h_2 \cdot A$.

Die Auftriebskraft ist die resultierende dieser beiden Kräfte:

$F_A = F_2 - F_1 = \varrho_{\text{Flüss}} \cdot g \cdot (h_2 - h_1) \cdot A$.

Der Term $(h_2 - h_1) \cdot A$ entspricht gerade dem Volumen des Quaders. Dieses Volumen ist gleich dem Volumen der verdrängten Flüssigkeit. Für die Auftriebskraft gilt also:

$F_A = \varrho_{\text{Flüss}} \cdot g \cdot V$. Diese Kraft stimmt mit der Gewichtskraft der verdrängten Flüssigkeit überein.

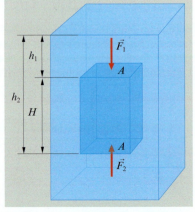

Zur Berechnung der Kräfte auf einen Quader

1

Für die Auftriebskraft eines Körpers in einer Flüssigkeit gilt:
$F_A = \varrho_{\text{Flüss}} \cdot g \cdot V$. V ist dabei das Volumen der verdrängten Flüssigkeit.

Auftrieb in Luft. Das archimedische Gesetz gilt auch für Körper, die in das „Luftmeer" eintauchen. Die Auftriebskräfte sind meist nur sehr viel kleiner als die Gewichtskräfte, die auf die Körper wirken. Das folgende Experiment beweist jedoch das Wirken einer Auftriebskraft in der Luft.

EXPERIMENT 2
Unter einer Glasglocke steht eine empfindliche Balkenwaage, sie befindet sich zunächst im Gleichgewicht. Wird Luft herausgepumpt, beginnt sich der Wägebalken zur Seite der Glaskugel zu neigen.

— Glaskugel

2

Beim Herauspumpen von Luft nimmt die Dichte der Luft unter der Glasglocke ab. Als Folge wird die Gewichtskraft der Luft, die jeweils von der Glaskugel und von dem Wägestück verdrängt wird, kleiner. Da die Glaskugel das größere Volumen hat, wirkt sich bei ihr die Abnahme der Auftriebskraft stärker aus als beim Wägestück.

Sinken, Schweben, Steigen, Schwimmen. Ein kartesianischer Taucher ist ein beliebtes Spielzeug. In einer mit einer Gummimembran oder mit einem Korken verschlossenen Flasche kann man einen teilweise mit Luft gefüllten Glaskörper zum Sinken, Schweben oder Steigen veranlassen (Bild 3).

Auch andere Körper wie eine Tauchkugel können schwimmen, sinken, schweben oder aufsteigen. Welche Bewegung der Körper ausführt, hängt von der Gewichtskraft $\vec{F}_G$ und der Auftriebskraft $\vec{F}_A$ ab:

Kartesianischer Taucher

3

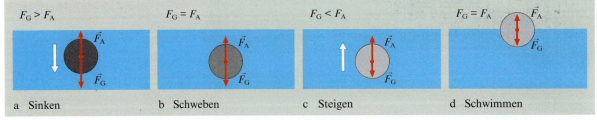

a Sinken   b Schweben   c Steigen   d Schwimmen

4

AUFGABEN

1. Warum erfordert es eine große Kraft, einen leeren Eimer ins Wasser zu drücken?
2. Wie viel Wasser muss ein Paddelboot (mit einer Eigenmasse von 20 kg) mindestens verdrängen, damit es eine Person mit einer Masse von 80 kg tragen kann?
3. Ein Schiff fährt von der Ostsee über die Nordsee in den Atlantik. Dabei wird der Salzgehalt des Wassers immer größer. Wo taucht das Schiff am tiefsten und wo am wenigsten tief ein?
4. Der Raddampfer „Pillnitz" der Sächsischen Dampfschifffahrtsgesellschaft auf der Elbe hat eine Masse von 231 t. Wie viel Kubikmeter Wasser muss er verdrängen, damit er schwimmen kann?
5. Wie erklärst du das wechselnde Aufsteigen und Absinken von Rosinen in einem Glas mit Mineralwasser?
6. Bestimme Volumen und Masse von einem gekochten Ei! Schwimmt, schwebt oder sinkt das Ei in
   a) stark salzigem Wasser ($\varrho = 1,18 \text{ g/cm}^3$),
   b) schwach salzigem Wasser ($\varrho = 1,06 \text{ g/cm}^3$),
   c) Süßwasser ($\varrho = 1,00 \text{ g/cm}^3$)?
   Berechne jeweils die Gewichtskräfte und die Auftriebskräfte. Prüfe dein Ergebnis im Experiment nach!
7. Berechne die Auftriebskraft, die 1 m³ Helium in Luft erfährt! Wie viele 1-kg-Wägestücke könnte ein solcher Ballon in die Luft tragen?
8. Wie würde sich der Waagebalken im Bild 2 auf Seite 22 verhalten, wenn man den Luftdruck erhöht?

9. a) Wodurch entsteht bei einem Heißluftballon die Auftriebskraft?
   b) Was muss der Ballonfahrer tun, wenn er aufsteigen oder sinken will?
   c) Warum starten Heißluftballons gewöhnlich früh morgens oder abends nach Sonnenuntergang?
   d) Erfordert eine Ballonfahrt im Winter weniger Brenngas als im Sommer?
10. Ein Aluminiumwürfel der Kantenlänge 20 cm ist in Wasser eingetaucht.
    a) Wie groß ist die Auftriebskraft, die auf ihn wirkt?
    b) Der Schweredruck im Wasser nimmt auf 10 cm Tiefe um etwa 1000 Pa zu. Berechne die Kräfte auf Deckfläche und Bodenfläche des Würfels, wenn sich über dem Würfel eine 1 m bzw. eine 10 m dicke Wasserschicht befinden!
    c) Ist die Auftriebskraft von der Tiefe abhängig?
11.

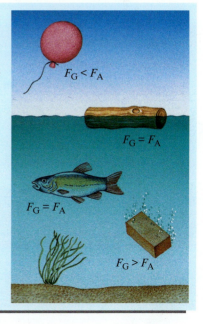

Mit Hebepontons können aus großer Tiefe Wracks gehoben werden (Bild 1). Erkläre, wie dies funktioniert!

ZUSAMMENFASSUNG

Auftriebskraft
In allen Flüssigkeiten und in Luft wirkt auf alle Körper eine Auftriebskraft F_A.
Ursache der Auftriebskraft ist die Zunahme des Schweredrucks mit der Tiefe.

Archimedisches Gesetz
Die Auftriebskraft F_A ist gleich der Gewichtskraft F_G der vom Körper verdrängten Flüssigkeit.

Sinken, Schweben und Steigen
Ein Körper, der vollständig in eine Flüssigkeit eintaucht, sinkt, schwebt oder steigt.
Welche Bewegung der Körper ausführt, hängt allein von der Gewichtskraft F_G und der Auftriebskraft F_A ab:
$F_G > F_A$ – Sinken
$F_G = F_A$ – Schweben
$F_G < F_A$ – Steigen

$F_G < F_A$

$F_G = F_A$

$F_G = F_A$

$F_G > F_A$

Leben und Tauchen im Wasser

Wie Menschen in die Tiefe gelangen

Es gibt zwei unglaublich scheinende Tauchrekorde des Menschen, die ohne die Benutzung jeglicher technischer Hilfen aufgestellt wurden: Gut trainierte Perlenfischer schafften eine Tauchzeit von über 6 Minuten und sie erreichten eine Tauchtiefe von 69 m.

Dennoch ist der Mensch für das Tauchen nur wenig geeignet. Er muss beim Tauchen drei große Probleme lösen: die Versorgung mit Atemluft, die Bewältigung der Druckunterschiede in den verschiedenen Tiefen und das Ausgleichen der Auftriebskraft im Wasser.

Versorgung mit Atemluft. Die Atemluft erhält der Taucher aus Pressluftflaschen. Die Pressluft ist aber nicht nur Sauerstoffspender. Durch den zunehmenden Schweredruck des Wassers in der Tiefe werden die Lungen des Tauchers immer stärker zusammengedrückt. Als Folge davon fiele dem Taucher das Atmen immer schwerer.

Daher muss der Druck der Atemluft genauso groß sein wie der Druck des Wassers in der jeweiligen Tiefe. Um dies zu erreichen, verwendet man einen *Atemregler*:

Wasser und Luft sind durch eine Membran voneinander getrennt. Beim Einatmen öffnet die Membran über einen Hebel ein Ventil, sodass Luft aus der Flasche in die Luftkammer einströmen kann (Bild 1). Beim Ausatmen schließt der Hebel das Ventil. Über die Auslassventile gelangt die Atemluft nach außen (Bild 2).

Durch die Membran hat die Luft im Atemregler stets den gleichen Druck wie das umgebende Wasser. Auch in den Lungen herrscht dieser Druck. Dadurch fällt dem Taucher das Atmen in der Tiefe nicht schwerer als an der Wasseroberfläche.

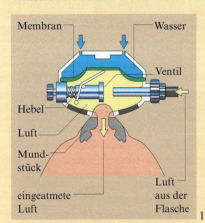

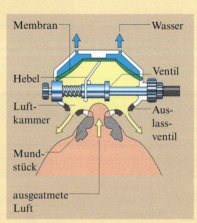

Ausgleich der Auftriebskraft. Ein Taucher muss stets versuchen, sein Gesamtgewicht (einschließlich der Ausrüstung) so auszutarieren, dass er im Wasser in jeder Tiefe schwebt. Durch den zunehmenden Schweredruck des Wassers werden die Lufteinschlüsse in den Neoprenanzügen dichter zusammengedrückt, wodurch das Gesamtvolumen des Tauchers und damit sein Auftrieb kleiner wird.

Deshalb ziehen Taucher Tarierwesten an. Sie sind die „Schwimmblasen" der Taucher. Durch dosierte Zufuhr von Pressluft in die Weste wird in jeder Tiefe ein Schweben ermöglicht.

Tauchboote und Tauchkugeln. Die Neugier des Menschen ließ ihn nach Möglichkeiten suchen, auch die größten Tiefen des Meeres zu erforschen. Im Jahre 1960 erreichten JACQUES PICCARD und DON WALSH im Marianengraben den Meeresboden des Stillen Ozeans in 10 916 m Tiefe. Der Wasserdruck in dieser Tiefe beträgt 116 000 kPa. Das ist mehr als das 1000-fache des Luftdrucks. Auf jeden Quadratzentimeter wirkt also dort eine Kraft, die der Gewichtskraft von etwa 1,2 Tonnen entspricht. Während des 9-stündigen Unternehmens hielten sich PICCARD und WALSH in einer Tauchkugel aus Stahl auf, die eine Wandstärke von 12 cm hatte. Auf dem Meeresgrund entdeckten sie auch einzelne Lebewesen.

Die Taucherkrankheit

Beim Auftauchen aus der Tiefe müssen Taucher besonders vorsichtig sein. Anderenfalls droht ihnen eine gefährliche Krankheit, die mit der Löslichkeit von Gasen in Flüssigkeiten wie Wasser und Blut zusammenhängt. Wie viel Gas in einer Flüssigkeit gelöst sein kann, hängt vom Druck in der Flüssigkeit ab. Das kennt man vom Mineralwasser. In einer geschlossenen Flasche mit Mineralwasser sieht man keine Gasblasen aufsteigen. Der Raum zwischen dem Mineralwasser und dem Verschluss ist mit sehr viel Kohlenstoffdioxid gefüllt, es herrscht dort ein hoher Gasdruck. Dieser ruft auch im Mineralwasser einen Druckzustand hervor. Der Gasdruck ist so groß, dass kein weiteres im Wasser gelöstes Kohlenstoffdioxid frei werden kann. Öffnet man die Flasche, entweicht Gas aus dem oberen Raum der Flasche in die Umgebung, in der nur der normale Luftdruck herrscht – es zischt. Da nun der Druck auf das Mineralwasser kleiner geworden ist, tritt nach und nach ein großer Teil des bisher gelösten Kohlenstoffdioxids aus. Das heißt: Unter hohem Druck kann in einer Flüssigkeit mehr Gas gelöst sein als unter geringem Druck. Dies gilt auch für das Blut. Mit zunehmender Tauchtiefe nimmt der Schweredruck des Wassers zu. Dieser Druck überträgt sich durch den Körper auf das Blut. In großen Tiefen kann das Blut daher mehr Sauerstoff aufnehmen als bei normalem Luftdruck an Land. Aber das Blut enthält dann auch mehr andere Gase, z. B. Stickstoff. Bis zu einer Tauchtiefe von 9 m kann man mehrere Stunden tauchen, ohne dass es zu einer gefährlichen Situation kommt. Bei größeren Tiefen und langen Tauchgängen nimmt jedoch die Gasmenge im Blut immer mehr zu. Wenn ein Taucher nun zu schnell auftaucht, wird das Gas aus dem Blut in eben solchen Bläschen frei wie in einer plötzlich geöffneten Mineralwasserflasche. Die Gasbläschen verstopfen kleine Blutgefäße und unterbrechen die Blutversorgung. Nach dem plötzlichen Auftauchen führt dies zu Schmerzen, in schweren Fällen sogar zu Lähmungserscheinungen.

Heute nutzt man für Expeditionen auch Roboter, die mit Fernsehkameras Bilder aus der Tiefe senden.

Tauchen ist nicht nur ein Sport. Es gibt viele Arbeiten, die unter Wasser in großen Tiefen ausgeführt werden müssen. Diese Taucher können nach Beendigung ihrer Arbeiten nicht sofort auftauchen. In **Dekompressionskammern** wird der Druck sehr langsam vermindert und so der Taucherkrankheit vorgebeugt. Beim Auftauchen aus 100 m Tiefe dauert der Druckausgleich mehrere Stunden.

AUFGABEN

1. Neoprenanzüge sind Kälteschutzanzüge für Taucher. Sie bestehen aus einem kautschukartigen Material, in dessen Poren sich Lufteinschlüsse befinden.
   a) Warum schützt der Anzug vor Kälte?
   b) Warum sollten Taucher in größeren Tiefen eine Tarierweste tragen?
2. Erläutere, wie man sich gegen die Taucherkrankheit schützen kann!

3. Wie sieht ein Taucher, wenn er nach oben schaut, die Welt außerhalb des Wassers? Nutze hierzu deine Kenntnisse über die Brechung des Lichtes und fertige eine Skizze an!
4. Informiere dich über Tauchunternehmungen der letzten Jahre und berichte darüber. Welche Ziele hatten sie und welche Technik wurde benutzt? Verwende als Quellen Nachschlagewerke oder auch das Internet!

Die Fische als Überlebenskünstler

Atmung der Fische. Auch Fische müssen atmen. Wie die Landbewohner brauchen sie Sauerstoff zur Energieumsetzung in den Muskeln. Dazu nutzen die Fische den im Wasser gelösten Sauerstoff.

Die Fische nehmen den Sauerstoff in den Kiemen auf. Diese bestehen aus dünnhäutigen, reichlich mit Blut durchflossenen Hautplättchen, die an knorpeligen Kiemenbögen befestigt sind (Bild 1). Wenn der Fisch die Mundhöhle bei geschlossenen Kiemenspalten erweitert, entsteht im Mundraum ein Unterdruck gegenüber dem Schweredruck im äußeren Wasser (Bild 2). Als Folge strömt neues, sauerstoffhaltiges Atemwasser ein. Danach wird der Mund geschlossen, die Kiemendeckel pressen nach innen und gleichzeitig hebt sich der Boden der Mundhöhle.

Diese Vorgänge wirken zusammen ähnlich der Erzeugung eines Kolbendrucks. Auf diese Weise wird das Atemwasser durch die geöffneten Kiemendeckel gegen den Schweredruck des äußeren Wassers aus dem Mund gedrückt. Dabei fließt es an den Kiemen vorbei. Sie nehmen einen Teil des Sauerstoffs aus dem Wasser auf und lösen ihn im Blut. Zugleich geben sie das im Blut gelöste Kohlenstoffdioxid an das Wasser ab. Das Kohlenstoffdioxid steigt in Bläschen auf.

Wie kommt der Sauerstoff ins Wasser? In kleinen Bächen mit hoher Fließgeschwindigkeit, Wasserfällen und Wirbeln stammt der im Wasser gelöste Sauerstoff hauptsächlich aus der Vermischung des Wassers mit Luft. Das gilt auch für die offene stürmische See. In stehenden und langsam fließenden Gewässern sowie in Küstengewässern mit Meerestiefen bis zu 200 m stammt der Sauerstoff vor allem aus der Fotosynthese der Pflanzen unter Wasser.

Das Wasser kann jedoch umso weniger Luft aufnehmen, je höher seine Temperatur ist. Während einer Hitzeperiode kann in stehenden Gewässern die Sauerstoffversorgung der Fische problematisch werden.

Regulieren der Tauchtiefe durch Gas. Die mittlere Dichte der Muskeln, Gräten, inneren Organe und Eingeweide der Fische ist größer als $1 \, \text{g/cm}^3$. Ohne Schwimmbewegung müssten sie daher auf den Boden sinken. Fische verfügen über einen gasgefüllten Hohlraum, die Schwimmblase. Sie ist eine ideale Auftriebshilfe.

Bei einigen Fischen, wie Hecht, Karpfen und Rotfeder, steht die Schwimmblase zeitlebens durch einen Luftgang mit dem Maul in Verbindung. In anderen Fischen bildet sich diese Verbindung wenige Tage nach dem Schlüpfen zurück, sie haben eine geschlossene Schwimmblase. Dies gilt für Barsch, Stichling und viele Meeresfische. Das erste Gas gelangt bei Jungfischen in die Schwimmblase, wenn sie an der Oberfläche Luft schlucken.

Das Gesamtvolumen des Fisches hängt vom Füllungsgrad der Blase ab. Sie muss also in jeder Wassertiefe so gefüllt sein, dass die Gewichtskraft des vom Fischkörper verdrängten Wassers gleich seiner eigenen Gewichtskraft ist. Dann schwebt der Fisch.

Je tiefer er taucht, desto mehr drückt das Wasser auf ihn und die Blase. Hierdurch würde sich das Volumen der Blase verkleinern und der Fisch würde immer tiefer sinken. Dem muss er entgegenwirken. Mit zusätzlichem Gas füllt der Fisch die Schwimmblase auf ihr ursprüngliches Volumen auf. Dazu dienen spezielle Hautabschnitte in der Schwimmblase, in denen das Blut die in ihm gelösten Gase abgeben kann.

Umgekehrt muss ein Fisch beim Auftauchen entsprechend der Abnahme des Schweredrucks auch den Gasdruck in seiner Blase vermindern. Ansons-

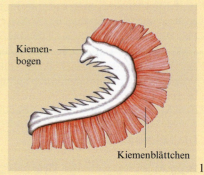

Kiemenbogen

Kiemenblättchen

Schnitt durch Kiemen
1

Mundhöhle

Kiemendeckel

Strömung des Wassers durch Mundhöhle, Kiemenspalten und Kiemendeckel
2

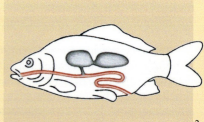

Beim Karpfen steht die Schwimmblase durch einen Luftgang mit dem Verdauungsapparat in Verbindung.
3

Schon gewusst?

In einem Liter Wasser können bei Atmosphärendruck etwa 17 cm³ Luft gelöst werden. Da sich Sauerstoff besser im Wasser löst als Stickstoff, beträgt der Sauerstoffanteil in der gelösten Luft 35% gegenüber 21% in der Atmosphäre. Dies ist für die Fische von großem Vorteil.

Beim Auftauchen wird der Schweredruck kleiner. Durch Gasabgabe aus der Schwimmblase in das Blut bleibt das Volumen der Blase gleich.

Bei dieser Größe der Schwimmblase schwebt der Fisch.

Beim Abtauchen wird der Schweredruck größer. Durch Gaszufuhr aus dem Blut in die Blase bleibt deren Volumen erhalten.

Gasaustausch zwischen Schwimmblase und Blut eines Fisches

ten würde die Blase durch das Nachlassen des äußeren Schweredrucks immer größer und der Fisch würde immer stärker und immer schneller nach oben getrieben. Damit die Schwimmblase ihr ursprüngliches Volumen behält, nimmt beim Aufsteigen das Blut wieder Gas aus der Schwimmblase auf.

Für eine solche Änderung des Füllungsgrades ist eine bestimmte Zeit erforderlich. So benötigt ein Kabeljau für ein Aufsteigen um 40 m aus einer Tiefe von 200 m etwa eine Stunde, damit das Blut die erforderliche Menge an Gas aufnimmt. Werden Tiefseefische in den Netzen sehr schnell aus großen Tiefen gezogen, kann der Gasdruck in der Schwimmblase nicht schnell genug verringert werden. Als Folge drückt sie die Eingeweide aus dem Mund heraus oder platzt. In Binnengewässern ist dies häufig bei Barschen zu beobachten. Einem Karpfen oder Hecht macht ein schnelles Hochziehen nichts aus, sie pressen Gas aus der Blase durch den Luftgang ins Mund und „spucken" es aus.

Die Tiefe ist ein Lebensraum für Spezialisten. Die Möglichkeiten der Schwimmblase zum Druckausgleich sind begrenzt. In der Tiefsee herrschen derart hohe Schweredrücke, dass die gasgefüllte Schwimmblase völlig zusammengedrückt würde. Viele Fische, die auf dem Meeresboden leben, haben gar keine Schwimmblase.

Unterhalb von 600 m Tiefe gibt es so gut wie kein Sonnenlicht mehr. Daher gibt es auch kein pflanzliches Leben. Tiefseefische sind deswegen in der Regel Raubtiere oder Aasfresser. Sie haben oft große Tastorgane und Körperteile, die Licht aussenden, um Beute anzulocken (Bilder 2 und 3).

AUFGABEN

1. Der Kopf eines Pottwals hat eine Masse von bis zu 10 t. In ihm sind etwa 2 t eines öligen Sekrets enthalten. Es kann eine kristalline Struktur annehmen, wodurch sich das Volumen verringert.
   Welche Rolle könnte das beim Tauchen des Pottwals bis in 2 500 m Tiefe spielen?

2. Stelle aus Nachschlagewerken eine Tabelle mit Tauchzeiten von lungenatmenden Säugetieren, Tauchenten und anderen Tauchvögeln zusammen!

3. Muss oder kann ein Fisch zur Änderung seiner Tiefe im Wasser die Füllung seiner Schwimmblase ändern? Begründe!

Ballonfahren

„Glück ab, gut Land!" – der Gruß
der Ballonfahrer. Am kühlen Morgen
und am frühen Abend steigen ihre
Ballons am besten. Die Fahrtrichtung bestimmt allein der Wind.

Physik des Ballonfahrens

Es gibt die unterschiedlichsten Arten von Ballons: kleine Kinderballons,
große Heißluft- und Gasballons sowie Stratosphärenballons. Für die Fahrt
aller Ballons gilt das Archimedische Gesetz (siehe S. 21). Danach ist die auf
einen Ballon wirkende Auftriebskraft F_A gleich der Gewichtskraft der Luft,
die vom Ballon verdrängt wird.
Ob ein Ballon in der Luft steigt, schwebt oder sinkt, hängt von der Gewichtskraft F_G des Ballons und der Auftriebskraft F_A ab.

Steigen

$$F_A = \varrho_{Luft} \cdot g \cdot V_{Ballon}$$

$F_{res} = F_A - F_G$

F_G

1

Die Auftriebskraft F_A ist größer als die
Gewichtskraft F_G des Ballons.

Schweben

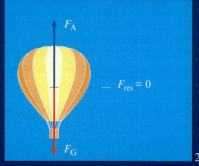

F_A

$F_{res} = 0$

F_G

2

Die Auftriebskraft F_A ist gleich der
Gewichtskraft F_G des Ballons.

Sinken

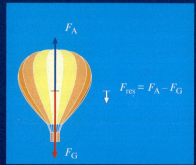

F_A

$F_{res} = F_A - F_G$

F_G

3

Die Auftriebskraft F_A ist kleiner als die
Gewichtskraft F_G des Ballons.

Für die Berechnung der Auftriebskraft muss man die Dichte ϱ der Luft kennen.

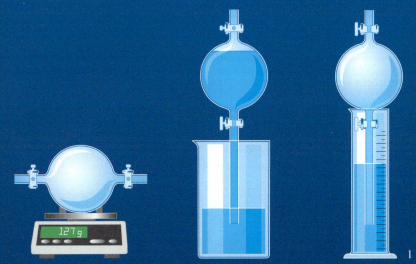

EXPERIMENT 1

In einer Glaskugel mit zwei Hähnen befindet sich Luft.

1. Die Masse der luftgefüllten Glaskugel wird auf einer Präzisionswaage bestimmt.
2. Mit einer Vakuumpumpe wird die Luft aus der Glaskugel abgesaugt; die Glaskugel wird verschlossen.
3. Die Masse der Glaskugel wird erneut bestimmt.
4. Das Volumen der abgesaugten Luft wird bestimmt, indem man den einen Stutzen der Kugel unter Wasser hält, den Hahn öffnet und Wasser einströmen lässt. Das eingeströmte Wasser wird anschließend in einen Messzylinder abgelassen.

Aus der Differenz der beiden Wägungen ergibt sich die Masse der abgesaugten Luft. Die Dichte kann damit berechnet werden, $\varrho = \dfrac{m}{V}$.

Die Dichte der Luft hängt von der Temperatur und vom Luftdruck ab, also auch von der Höhe über dem Erdboden. Bei einer Temperatur von 0 °C und normalem Luftdruck von 101,3 kPa beträgt die Dichte der Luft 1,29 $\dfrac{\mathrm{kg}}{\mathrm{m}^3}$.

Die Dichte der Luft wird kleiner, wenn sich der Luftdruck vermindert oder wenn – in einem offenen Gefäß – ihre Temperatur steigt.

Ein Ballon mit dem Volumen 1 m³ erfährt also bei 0 °C eine Auftriebskraft von $F_A = m_{Luft} \cdot g = \varrho_{Luft} \cdot V \cdot g = 1{,}29\ \dfrac{\mathrm{kg}}{\mathrm{m}^3} \cdot 1\ \mathrm{m}^3 \cdot 9{,}81\ \dfrac{\mathrm{N}}{\mathrm{kg}} = 12{,}7\ \mathrm{N}$.

Für einen Ballon mit dem Volumen 1 l gilt entsprechend $F_A = 0{,}0127\ \mathrm{N}$.

Die Masse eines Ballons setzt sich zusammen aus der Masse der Hülle und der Masse der Füllung.

Dichte einiger Gase bei 101,3 kPa und 0 °C	
Stoff	ϱ in $\dfrac{\mathrm{kg}}{\mathrm{m}^3}$
Wasserstoff	0,090
Helium	0,179
Erdgas	ca. 0,8
Stickstoff	1,25
Luft	1,29
Sauerstoff	1,43
Chlor	3,21

EXPERIMENT 2

1. Bestimme die resultierende Kraft F_{res} auf einen heliumgefüllten Luftballon. Verwende einen Federkraftmesser oder binde den Ballon an ein Wägestück, das auf einer Waage liegt!
2. Tauche den Ballon vollständig in einen gefüllten Wassereimer, sodass Wasser überläuft. Nimm den Ballon wieder heraus und bestimme sein Volumen V aus dem Volumen des verdrängten Wassers!
3. Vergleiche die gemessene Kraft F_{res} mit der Auftriebskraft F_A, die sich aus dem verdrängten Luftvolumen ergibt. Berechne daraus die Gesamtmasse des Ballons!
4. Lass das Helium aus dem Ballon entweichen (oder nimm einen gleichartigen, leeren Ballon) und bestimme die Masse der Ballonhülle mit einer Präzisionswaage. Vergleiche die Masse der Hülle mit der Masse der Füllung!

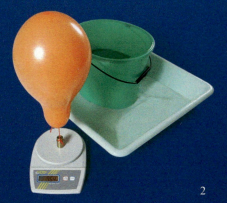

Die Masse der Hülle ist bei Kinderballons oft größer als die Masse der Füllung. Bei großen Ballons ist dagegen die Hülle deutlich leichter als die Füllung.

Gasballons

Aufbau. Als Füllgas von Gasballons dient Wasserstoff. Die Fahrer erhalten das Gas aus Abfüllanlagen in der Nähe von Chemiewerken, in denen Wasserstoff in großen Mengen als Nebenprodukt anfällt. Das Füllen dauert mehrere Stunden. Bild 1 zeigt wesentliche Teile eines Gasballons.

Tragfähigkeit eines Ballons. Ein Gasballon, der mit $1000\,m^3$ Wasserstoff gefüllt ist, kann eine Last von etwa 1200 kg tragen. Die Eigenlast des Ballons mit Gas, Hülle, Netz, Korb, Instrumenten und Schlepptau beträgt etwa 350 kg. Im Korb können bis zu vier Personen mitfahren, sie wiegen zusammen etwa ebenso viel. Die verbleibenden 500 kg, die der Ballon noch in die Höhe tragen kann, nimmt der Ballonfahrer in Form von Sandsäcken zu je 15 kg mit. Der Sand dient dem Fahrer als Reserve, die er abwerfen kann. Je größer diese Reserve ist, desto länger kann die Fahrt dauern.

Steuermanöver. Zum Starten lässt der Fahrer langsam Sand aus einem Sack auf die Erde rieseln, bis die Gewichtskraft F_G des Ballons kleiner geworden ist als die Auftriebskraft F_A. In diesem Augenblick beginnt der Ballon zu steigen.
Die Fahrtrichtung bestimmt der Wind. Will der Fahrer eine größere Höhe mit einer anderen Windrichtung erreichen, wirft er behutsam Sand ab; die Gewichtskraft des Gasballons wird kleiner als die Auftriebskraft, der Ballon steigt weiter. Da die Luftdichte mit der Höhe abnimmt, wird auch die Auftriebskraft kleiner. Wenn sie nur noch so groß ist wie die Gewichtskraft, beginnt der Ballon wieder in gleichbleibender Höhe zu schweben.
Je länger die Fahrt andauert, desto mehr heizt die Sonne das Gas im Ballon auf. Dadurch nimmt der Druck im Ballon zu. Damit er nicht platzt, ist der Füllansatz immer offen. Durch ihn entweicht etwas Wasserstoff, bis sich der Druck im Inneren wieder normalisiert hat.
Das Landen leitet der Fahrer durch Ziehen an der Ventilleine ein. Dadurch entweicht Gas und die Auftriebskraft wird kleiner als die Gewichtskraft. Um eine harte Landung des Korbes zu verhindern, schüttet der Fahrer immer mehr Sand aus.
Kurz bevor der Korb den Boden berührt, wirft er auch noch das lose Ende des Schlepptaus heraus. Je mehr Tau über den Boden schleift, desto leichter wird der Ballon, wodurch das Sinken noch mehr abgebremst wird. Mit dem Längerwerden des Taustücks wird dessen Reibung auf dem Boden größer. Das Tau wirkt dann wie ein Schleppanker, der das seitliche Schleifen des Korbes verhindert. Nach dem Aufsetzen zieht der Fahrer die Reißleine. Durch die Reißbahn kann das Gas schnell entweichen. Der Ballon fällt in sich zusammen, bevor er zum Spielball des Windes werden kann.

1 Ventil
2 Ventilleine
3 Füllansatz
4 Korb
5 Schlepptau

Aufbau eines Gasballons

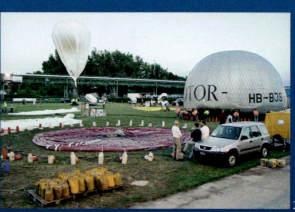

Beim Füllen halten Sandsäcke die Ballonhülle am Boden, später wird ein Teil der Sandsäcke mit auf die Fahrt genommen.

AUFGABEN

1. Warum fallen Seifenblasen zu Boden, warum steigen sie nicht wie Ballons auf?
2. Begründe, dass die Dichte der Luft in einem offenen Behälter von der Temperatur abhängt!
3. Warum ist die Dichte der Luft in größeren Höhen kleiner als am Meer?
4. a) Entscheide anhand der Tabelle auf S. 29 und weiterer Kriterien, welche der Gase zum Füllen von Gasballons geeignet sind!
   b) Wie viel Kubikmeter Helium bzw. Wasserstoff wären erforderlich, um einen Ballon mit Korb (Masse 250 kg) und einen Piloten (80 kg) zu heben?
5. Plane ein Experiment, mit dem du die Wirkung des Schlepptaus eines Gasballons nachweisen kannst!

Heißluftballons

Das Fahren mit dem Heißluftballon wird immer beliebter. Lautlos treibt der Wind den Ballon in 150 Meter bis 400 Meter Höhe über die Landschaft. Nur einzelne Feuerstöße aus dem Brenner durchbrechen von Zeit zu Zeit die Stille. Bild 1 zeigt wesentliche Teile eines Heißluftballons. Die Hülle besteht aus dünnem, reißfestem Nylon und ist mit Polyurethan beschichtet. Als tragendes Skelett der Hülle dienen vertikale und horizontale Gurte mit großer Reißfestigkeit.

Die Tragkraft eines Heißluftballons hängt von dessen Volumen und von der Temperaturdifferenz zwischen der Heißluft im Inneren und der äußeren Luft ab. In einem mittelgroßen Ballon mit einem Fassungsvermögen von 4000 m³ hat die Heißluft eine Masse von etwa 4000 kg, was einer Gewichtskraft von 40000 N entspricht. Sie verdrängt 4000 m³ Kaltluft mit einer Masse von etwa 5200 kg und einer Gewichtskraft von 52000 N. Als Auftriebskraft stehen so bis zu 12000 N zur Verfügung. Damit kann die Heißluft eine Last von etwa 1200 kg in die Höhe tragen. Darin ist jedoch die Eigenmasse des Ballons eingeschlossen. Hülle, Korb und weiteres Zubehör müssen also möglichst leicht sein.

Zum Starten sind umfangreiche Vorbereitungen erforderlich. Zunächst müssen die bis zu 30 Meter langen Stoffbahnen der Hülle ausgebreitet werden. Dann bläst ein leistungsstarker Ventilator Kaltluft in die schlaffe Hülle hinein. Ist sie zu zwei Dritteln gefüllt, entzündet der Pilot den Gasbrenner und richtet ihn in die Öffnung. Die Feuerstöße sind bis zu 2 Meter lang. Damit sie nicht auf den Ballon treffen, verhindert ein Windtuch das seitliche Wegblasen der Flammen.

In Sekundenschnelle erhöht sich die Temperatur der Luft in der Hülle auf 90 °C. Das reicht, damit sich der Ballon aufrichtet. Jetzt müssen Helfer und Passagiere den Korb festhalten, damit er nicht vorzeitig abhebt. Nach vielfältigen Sicherheitskontrollen des Piloten klettern die Passagiere zum Piloten in den Korb. Jetzt wird der Korb von den Helfern freigegeben. Zugleich erhöht der Pilot die Temperatur der Innenluft der Hülle bis auf etwa 120 °C. Die Fahrt beginnt. Ein weiteres Steigen oder Sinken des Ballons steuert der Pilot allein mit der Temperatur der Heißluft. Dazu dient neben dem Brenner die Parachute am Top der Hülle (Bild 2). Dieses fallschirmartige Ventil wird je nach Bedarf mehr oder weniger geöffnet. Beim Landemanöver wird die Parachute kurz vor Erreichen des Erdbodens ganz geöffnet.

1

Parachute

2

3

AUFGABEN

1. Warum steigen Ballons am Morgen und am frühen Abend besser als mittags?
2. Warum ist der Winter für das Ballonfahren günstiger als der Sommer?
3. Erkundige dich, welche Messgeräte Ballonfahrer mit an Bord nehmen!

Bau eines Heißluftballons

Im Handel gibt es verschiedene Modelle von Heißluftballons als Spielzeug zu kaufen. Sie enthalten auch eine genaue Bau- und Startanleitung. Man kann sich aber auch selbst Heißluftballons in verschiedenen Schwierigkeitsstufen bauen. Damit der Start eines eigenen Heißluftballons ein Erfolg wird, muss man vor Beginn des Baus eine Reihe von Fragen lösen.

Wie kann man den Ballon mit heißer Luft füllen?
Am günstigsten wäre ein Propangasbrenner, doch hier besteht die Gefahr, dass der Ballon bereits vor dem Abflug verbrennt. Dies kann man vermeiden, indem man die Flamme mit einem alten Ofenrohr umgibt oder indem man eine leistungsstarke elektrischen Heizplatte verwendet.

Welche Gefahren könnten von dem Ballon ausgehen?
Um den Luftverkehr nicht zu gefährden, darf man in der Nähe von Flughäfen generell keine Heißluftballons starten. Unter dem Ballon darf kein Brenner befestigt sein, da die Brandgefahren beim Absturz oder Landen in größerer Entfernung nicht abzuschätzen sind.

Aus welchem Material soll der Ballon gebaut werden? Wo kann man dieses besorgen?
Die Flächendichte des Materials, darunter versteht man die Masse je 1 m^2 Material, sollte kleiner als 10 g/m^2 sein. Viele Folien und Papiersorten sind schwerer. Gewöhnliches Schreibpapier hat z. B. eine Flächendichte von 70 g/m^2.

Wovon hängen die Flugeigenschaften des Ballons ab?
Der Betrag der Auftriebskraft hängt besonders vom Volumen der verdrängten Luft und von der Temperaturdifferenz zwischen der heißen Luft im Ballon und der Luft in der Umgebung ab. Daher sollte man den Ballon nicht zu klein bauen. Und im Sommer ist ein Start in der Mittagshitze sicher ungünstig.

Wie lässt sich der Ballon stabilisieren, damit er nicht umkippt?
Dazu können am unteren Rand Büroklammern oder ein Ring aus leichtem Draht nützlich sein.

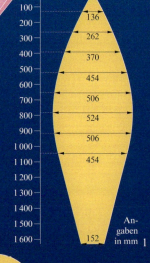

An-gaben in mm 1

AUFTRAG
Baut einen Heißluftballon! Ihr könnt verschiedene Varianten ausprobieren:
Variante 1: Als Heißluftballon dient ein Folienbeutel für den Müllbehälter in der Küche oder ein größerer Kunststoffbeutel.
Variante 2: Ihr baut einen Ballon wie im Bild 2. Im oberen Bereich ähnelt er einer Kugel, im unteren einem Kegelstumpf. Er wird aus 6 Teilstücken zusammengesetzt. Die Maße für ein Teil sind im Bild 1 angegeben. Sie ergeben einen Ballon mit einem Durchmesser von etwa 1 m.
Wenn ihr Papier verwendet, so wird es geleimt (Masse des Leims berücksichtigen!). Folie kann z. B. mit einem Haushalts-Schweißgerät zusammengeschweißt werden. Wenn ihr den Ballon bemalen wollt, müsst ihr auch die Masse der Farbe berücksichtigen.

Experimentiert mit euren selbstgebauten Ballons. Versucht die Flugeigenschaften so zu verbessern, dass sie möglichst hoch und möglichst lange fliegen!

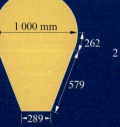

2

Stratosphärenballons

Unbemannte Stratosphärenballons. Diese Gasballons dienen der wissenschaftlichen Forschung und der Wettervorhersage. Sie tragen eine Kapsel mit Messgeräten bis in 40 km Höhe. Damit erreichen sie eine Region, die für Flugzeuge zu hoch und für Satelliten zu niedrig ist. Während des Aufstiegs messen sie in verschiedenen Höhen zum Beispiel Lufttemperatur, Luftdruck, Luftfeuchtigkeit, Intensität und Zusammensetzung der Sonnenstrahlung oder Stärke des Erdmagnetfeldes.

Alle Messwerte können zur Erde gefunkt oder aufgezeichnet werden. In einer bestimmten Höhe platzt der Ballon, und die Kapsel kehrt an einem Fallschirm zur Erde zurück. Durch Funksignale kann sie geortet und später wiederverwendet werden.

Bemannte Stratosphärenballons. Fahrten mit Stratosphärenballons sind sensationell, teuer und technisch meist ein Abenteuer. Die Konstruktion des Ballons und der Kabine für die Piloten unterscheidet sich erheblich von der eines Gasballons. Die Piloten befinden sich in einer druckfesten Kabine, zum Atmen müssen sie Sauerstoffflaschen mitnehmen.

Beim Start ist der Ballon nur zu etwa 1/7 mit Wasserstoff gefüllt, so entsteht die birnenförmige Gestalt (Bild 2a). Während des Aufstiegs dehnt sich das Gas aus, weil der äußere Luftdruck kleiner wird. Schließlich ist der Ballon vollständig aufgebläht. Beim weiteren Aufstieg entweicht ein Teil des sich Gases durch den Füllstutzen. Für den Abstieg lassen sie durch ein Ventil Gas ausströmen. Hierdurch verkleinern sich Volumen und Auftriebskraft des Ballons, er beginnt zu sinken. Lassen sie auf einmal zu viel Gas heraus, sinkt er sehr schnell und kühlt sich durch den Fahrtwind stark ab. Dadurch ver-

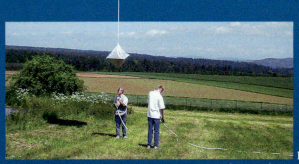

Wetterballons haben eine Füllung von etwa 4 m³ bis 6 m³ Wasserstoff bei einem Druck von 1050 hPa. Ihre Masse liegt zwischen 500 g und 2 kg. Sie erreichen eine maximale Höhe von 40 km. Bevor sie platzen, dehnen sie sich auf über 200 m³ aus.

kleinern sich Volumen und Auftriebskraft noch mehr und der Ballon sinkt noch schneller. Dann hilft nur noch das Abwerfen von Ballast. Als Ballast nehmen die Piloten in ihrer Kabine bis zu 300 kg Bleischrot mit.

In den letzten Jahren gab es spektakuläre Versuche zur Umrundung der Erde mit einem Stratosphärenballon. Diese Ballons sind mit Helium gefüllt. Sie erreichen Maße von fast 70 m Höhe.

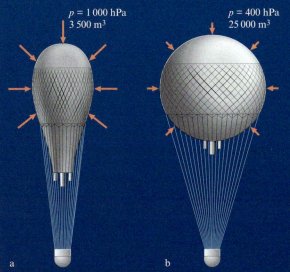

$p = 1\,000$ hPa
$3\,500$ m³

$p = 400$ hPa
$25\,000$ m³

a   b

Stratosphärenballon beim Start (a) und in großer Höhe (b)   2

AUFGABEN

1. In der Stratosphäre herrscht ein typischer Luftdruck von 3 hPa.
   a) Die Dichte der Luft ist proportional zum Druck. Wie groß ist die Dichte der Luft in der Stratosphäre?
   b) Wie groß ist die Auftriebskraft auf einen 1 m³ großen Ballon in der Stratosphäre?
   c) Welches Volumen muss ein Ballon haben, damit er dort eine Gesamtmasse von 700 kg tragen kann?
2. Warum sinken Stratosphärenballons in der Nachtkälte z.B. aus 36 km Höhe auf 23 km und steigen am nächsten Tag wieder auf die ursprüngliche Höhe?
3. Welche Winde tragen Stratosphärenballons vorwärts? In welcher Richtung fliegen solche Ballons um die Erde?
4. Informiere dich über spektakuläre Fahrten mit Stratosphärenballons und berichte darüber!

Von den Anfängen der Ballonfahrerei

Erste Projekte um 1670. Eines der ersten Projekte für ein Luftschiff stammte von FRANCESCO LANA DE TERZI (Bild 1). Die luftleer gepumpten Kugeln aus Kupferblech sollten den Auftrieb erzeugen. Ein solches Luftschiff hätte nie fliegen können, die Kugeln wären zu schwer gewesen. Hätte man sie aus sehr dünnem Blech hergestellt, so wären sie vom Luftdruck zusammengedrückt worden.

Erste Experimente der Brüder MONTGOLFIER. Der erste Aufstieg eines Menschen mit einem Ballon ist mit den Namen der Gebrüder JOSEPH (1740–1810) und ETIENNE (1745–1799) MONTGOLFIER verbunden. Sie waren Papierfabrikanten.

Die Idee zu ihrem Ballon entstand aus Beobachtungen an Rauchgasen, die im offenen Kamin aufstiegen und verbrannte Papierfetzen in die Luft trugen. Sie wollten diese leichten Rauchgase in einer Hülle einfangen und hofften, dass die Gase auch diese Hülle in die Luft heben würden. Anfangs experimentierten die Gebrüder mit Seidensäckchen. Im Jahre 1782 flog ein solches 300 m hoch und 1500 m weit. Dies spornte sie an, einen größeren Ballon aus Leinwand und Papier zu bauen. Er hatte einen Durchmesser von etwa 12 m und konnte 800 m³ Rauchgas fassen.

Am 5. Juni 1783 startete er auf dem Marktplatz ihres Heimatortes in der Nähe von Lyon. Zum Füllen wurde ein großes Strohfeuer unter dem Ballon entfacht. Der Ballon soll eine Höhe von 1800 m erreicht haben. Solche Ballons bezeichnete man später nach ihren Erfindern als Montgolfiere.

Projekt eines Luftschiffes um 1670

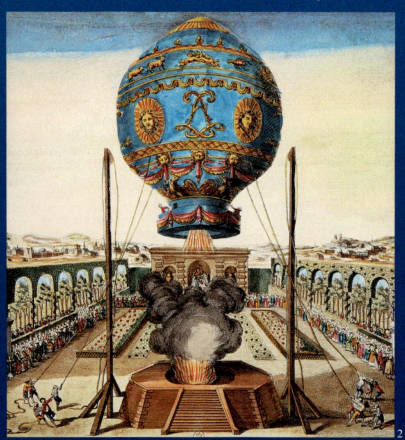

Die Montgolfiere bestand aus prächtig bemalten einzelnen Stoffbahnen und waren eine Werbung für einen Hersteller Seidentapeten. Die Bahnen waren mit Knöpfen aneinander gefügt und innen mit Papier beklebt. An dem Ballon hing eine Galerie aus Weidenruten. Zum Start wurde die Heißluft unter einem offenen Podest durch Verbrennen von Stroh und Wolle erzeugt. Auf diesem Podest wurde die Hülle mit einem Seil zwischen den zwei Pfosten langsam hochgezogen. So konnte sie sich allmählich mit heißen Rauchgasen füllen. Schließlich hob der Ballon ab. Während der Fahrt standen die zwei Ballonfahrer auf der Galerie einander gegenüber, so blieb der Ballon im Gleichgewicht. Im Inneren der Galerie befand sich ein Rost, auf dem die Fahrer ein Feuer aus Stroh und Wolle unterhielten.

Der Wettlauf zwischen Heißluft- und Gasballonen im Jahr 1783. Da die Gebrüder MONTGOLFIER kein Geld für einen noch größeren Ballon aufbringen konnten, teilten sie ihre Idee der französischen Akademie der Wissenschaften mit. Sie erhielten aber nicht das erhoffte Geld. Stattdessen begann der Pariser Physikprofessor J. CHARLES (1746–1823) mit eigenen Experimenten für einen Gasballon.

Als der an der Technik interessierte französische König LUDWIG XVI davon hörte, gab er der Akademie den Befehl, die Gebrüder MONTGOLFIER nach Paris zu holen und die Experimente unter der Kontrolle des berühmten Chemikers A. L. DE LAVOISIER fortzusetzen. Die folgenden Wochen wurden zu einem Wettlauf zwischen den Gebrüdern MONTGOLFIER und CHARLES (siehe Randspalte).

Der erste Gasballon landete in einem Dorf. Die entsetzten Bewohner zerstörten ihn.   1

Chronik der Ballonfahrerei im Jahre 1783

5. Juni: Erster Aufstieg einer unbemannten Montgolfiere.
27. August: Erster Aufstieg eines unbemannten Wasserstoff-Ballons von CHARLES (Bilder 1 und 2).
19. September: Zweiter Aufstieg einer Montgolfiere mit Tieren an Bord. In der Gondel befanden sich ein Hahn, eine Ente und ein Schaf. Nach einer Fahrt von 2,5 km gab es eine sanfte Landung.
15. Oktober: Erster Aufstieg einer bemannten, aber nicht freifliegenden Montgolfiere. Der Physiker J.-F. ROZIER unternahm eine 4-minütige Fahrt in 26 m Höhe. Die Montgolfiere war an einem Seil festgebunden.
21. November: Erster Aufstieg von Menschen in einer freifliegenden Montgolfiere. ROZIER und sein Freund F. L. D'ARLANDES erreichten eine Höhe von etwa 1000 m. Sie landeten nach 25 Minuten wohlbehalten rund 10 km östlich von Paris (Bild 4).
1. Dezember 1783: Freie Fahrt eines bemannten Wasserstoff-Ballons. Ohne vorherigen Tierversuch gelang auch CHARLES zusammen mit N.-L. ROBERT eine freie Fahrt. Sie erreichten eine Höhe von 3 300 m und fuhren 40 km weit.

Vorläufiger Sieg des Gasballons. Der von CHARLES entwickelte Ballon war von Anfang perfekt durchdacht. Er besaß alle Teile, mit denen auch heute noch ein Gasballon versehen ist. Der Gasballon war fortan dem Heißluftballon der Gebrüder MONTGOLFIER überlegen. Die Nachteile der Heißluftballons waren die starke Feuergefährdung, der schnelle Verschleiß der Hülle infolge der hohen Temperaturen sowie die geringe Fahrtdauer durch den begrenzten Brennstoffvorrat.

Das änderte sich erst ab 1960. Zu diesem Zeitpunkt hatte man sichere Propangasbrenner und nichtentflammbare Kunststoffhüllen entwickelt.

Erforschung der Atmosphäre. Bereits ein Jahr nach der ersten Fahrt eines bemannten Ballons dienten Ballonaufstiege auch für wissenschaftliche Untersuchungen. 1784 brachte man in einem Glasgefäß Luftproben mit zur Erde und bestimmte deren Zusammensetzung in der Atmosphäre.

1803 untersuchte man den Siedepunkt des Wassers, die Ausbreitung von Schallwellen und verschiedene elektrische Erscheinungen in der Atmosphäre. Wegen des Sauerstoffmangels, der Kälte und des geringen Luftdrucks in großen Höhen mussten einige Ballonfahrer ihren Forscherdrang mit gesundheitlichen Schäden wie dem Verlust des Gehörs oder sogar mit dem Leben bezahlen.

Den Wasserstoff für den ersten Gasballon erzeugte man durch Übergießen von Eisenfeilspänen mit Schwefelsäure.   2

Die Luftschiffe von GRAF ZEPPELIN

Seit der ersten erfolgreichen Fahrt eines Gasballons gab es viele Erfinder, die Vorschläge zum Bau von steuerbaren Ballonen mit eigenem Antrieb machten. Als „Antriebsmotor" schlugen sie Segel oder Ruder vor, wie man sie von Schiffen her kannte. Ein Erfinder empfahl die Mitnahme von zwei Pferden, sie sollten über einen Göpel eine Luftschraube drehen.

Das erste wirklich fliegende Luftschiff baute der Franzose H. GIFFARD im Jahre 1852. Der stromlinienförmige Ballon hatte eine Länge von 44 m und ein Volumen von 2 500 m³. Mit einer 2-kW-Dampfmaschine erreichte er – bei Windstille – eine Geschwindigkeit von 8 km/h und flog 25 km weit. Später baute man Luftschiffe, bei denen mehrere Ballons in einem starren Gerüst untergebracht und mit einer Hülle umkleidet waren.

1

Die erfolgreichsten Luftschiffe baute FERDINAND GRAF VON ZEPPELIN (1838–1917). Mit seinen Experimenten begann der Graf nach seiner Pensionierung aus der kaiserlichen Armee. Er führte sie auf eigene Kosten durch. Das erste 128 m lange Luftschiff mit dem Namen Zeppelin hatte einen Durchmesser von fast 12 m und flog am 2. Juni 1900 über den Bodensee. Zwei Benzinmotoren von 11,8 kW trieben je zwei Luftschrauben an und brachten das Luftschiff auf eine Geschwindigkeit von 31 km/h.

2

Der Innenaufbau des Luftschiffs bestand aus einem Aluminiumgerippe, in dem 17 einzelne Gaszellen untergebracht waren (Bild 1). Zusammen hatten sie ein Volumen von 10 000 m³. Sie wurden aber nicht prall aufgefüllt, damit sich der Wasserstoff ausdehnen konnte, wenn das Luftschiff in größere Höhen mit geringerem Luftdruck kam und durch die Sonneneinstrahlung erwärmt wurde. Jede Zelle war mit einem Überdruckventil und einem Manövrierventil ausgestattet. Die Hüllen der Zellen bestanden anfangs aus Rinderdärmen als gasdichtem Material, später aus Kunststoffen. Als Außenhaut um das Aluminiumgerippe diente glatte Baumwolle. Zur Reflexion der Sonnenstrahlung war sie mit Silberbronze lackiert.

Ab 1910 begann der Verkehr mit mehreren Luftschiffen. In zahlreichen deutschen Städten entstanden Luftschiffhäfen (Bild 2). Nach dem ersten Weltkrieg versuchte man durch Transatlantik-Flüge und eine Fahrt um die Welt ein weltumspannendes Liniennetz für Luftschiffe aufzubauen. Diese Bemühungen endeten 1937 nach der Brandkatastrophe in Lakehurst bei New York, bei der 35 Menschen den Tod fanden. Auch vorher waren schon viele Luftschiffe durch Explosionen oder Windböen am Erdboden zerstört worden.

AUFGABEN

1. Warum heißen die Fahrzeuge von Zeppelin Luftschiffe?
2. Berichte über verschiedene Zeppelin-Luftschiffe, ihre Reisen und Schicksale!
3. Suche in Büchern und im Internet nach weiteren Projekten mit Luftschiffen!
4. Wozu nutzt man heute Luftschiffe und warum sind sie mit Helium gefüllt?

Thermische Energie

Temperatur und Wärme begleiten uns jeden Tag. Viele Vorgänge in Natur und Technik hängen von der Temperatur ab und in jedem Gegenstand vollziehen sich Änderungen, wenn ihm Wärme zugeführt wird. Das haben sich die Menschen vielfältig zunutze gemacht: Nicht nur fahren die Autos mit erhitzten Gasen, sondern auch bei der Herstellung fast aller Dinge, die uns umgeben, spielen Erwärmung und Abkühlung eine große Rolle.

Die Physiker interessieren sich für das Verhalten von Körpern, die immer weiter abgekühlt werden. Manche werden bei tiefen Temperaturen magnetisch, bei anderen wird der elektrische Widerstand plötzlich sehr klein.
In diesem Labor werden extrem tiefe Temperaturen erzeugt. Dafür sind aufwendige und teure Maschinen erforderlich.
Wie tief lassen sich Körper abkühlen … auf –100 °C, –1000 °C oder noch tiefer?

1

Temperaturmessung

Wenn zwei gleichartige Körper zusammengebracht werden, verdoppeln sich die Zahlenwerte vieler physikalischer Größen, z. B. die Werte für Masse, Volumen oder Länge. Für die Größe Temperatur gilt dies nicht: Man erhält nicht 100 °C heißes Wasser, indem man zwei Wassermengen von je 50 °C zusammengießt.

So wie man Volumen, Strecken und Massen addieren kann, so kann man sie auch messen: Der Inhalt einer Regentonne lässt sich zum Beispiel messen, indem die Tonne nach und nach mit einem 1-Liter-Messbecher leer geschöpft wird.

Ebenso könnte man eine Strecke von 1000 m messen, indem man eintausend 1-m-Stäbe aneinander fügt. Weil man aber Temperaturen nicht so einfach addieren kann, lässt sich eine Temperatur von 1000 °C nicht mit 10 Thermometern messen, von denen jedes nur bis 100 °C messen kann. Man benötigt ein Thermometer, dessen Skala mindestens bis 1000 °C reicht. Für sehr tiefe und für sehr hohe Temperaturbereiche müssen unterschiedliche Thermometer entwickelt werden (Bild 2).

Für Temperaturen zwischen etwa –20 °C und +150 °C benutzen wir Flüssigkeitsthermometer mit Alkohol oder Petroleum, wie sie schon im 18. Jahrhundert von ANDERS CELSIUS entwickelt wurden. Bis etwa 600 °C kann man mit Quecksilber gefüllte Flüssigkeitsthermometer verwenden.

Für andere Temperaturbereiche werden temperaturabhängige Eigenschaften von verschiedenen Stoffen genutzt (Bild 2):
– die Volumenänderung von Gasen (Gasthermometer),
– die Änderung des elektrischen Widerstandes einiger Metalle (Widerstandsthermometer),
– elektrische Eigenschaften von Metallkontakten (Thermoelemente),
– die Farbe spezieller Farbstoffe (Messfarben) und
– die Farbe glühender Metalldrähte (Strahlungspyrometer).

2

Schon gewusst?

Größen, die sich ändern, wenn gleichartige Körper zusammengefügt werden, wie Volumen, Masse, Ladung, Teilchenzahl, Energie usw., nennen die Physiker *extensive Größen*.
Solche Größen, die sich dabei nicht ändern, wie z. B. Temperatur, Druck und Dichte, werden *intensive Größen* genannt.

Die Kelvinskala der Temperatur

Die höchsten heute bekannten Temperaturen herrschen im Inneren unserer Sonne und vieler anderer Sterne. Auch in einem Kernfusionsreaktor muss eine sehr hohe Temperatur erreicht werden, denn dort laufen die gleichen Prozesse wie in der Sonne ab.

15 Millionen °C Sonneninneres
6 000 °C Sonnenoberfläche
327 °C Blei schmilzt
100 °C Wasser siedet
0 °C Eis schmilzt
–39 °C Quecksilber erstarrt
–114 °C Alkohol erstarrt
–183 °C Sauerstoff wird flüssig
–273 °C tiefste erreichbare Temperatur

1

Die tiefste Temperatur, die man heute technisch erreichen kann, beträgt etwa –273 °C. Im Vergleich zur Sonnentemperatur scheint diese Temperatur gar nicht so fern von unserer normalen Umgebungstemperatur von 20 °C zu sein. Kann man hoffen, eines Tages noch tiefere Temperaturen als –273 °C zu erzielen?

Schon vor mehr als 150 Jahren haben die Physiker entdeckt, dass es vermutlich eine untere Grenze für tiefe Temperaturen geben wird: Der Physiker LOUIS JOSEPH GAY-LUSSAC (1778–1850) hat beobachtet, dass sich eine abgeschlossene Menge Luft ausdehnt, wenn sie erwärmt wird, und dass sich ihr Volumen verringert, wenn sie abgekühlt wird (Bild 2).

Messungen ergaben:
Wird 1 l Luft von 0 °C auf 273 °C erwärmt, dann nimmt die Luft bei dieser Temperatur ein Volumen von etwa 2 l ein. Bei weiterer Erhöhung um wiederum 273 °C nimmt sie 3 l ein. (Dabei muss der Druck jeweils konstant gehalten werden.) Bei Abkühlung unter 0 °C nimmt das Volumen der Luft ab. Welches Volumen hat sie wohl bei –273 °C?
Würde die Volumenänderung bei Abkühlung ebenso verlaufen wie bei Erwärmung, dann hätte die Luft das Volumen null! Dies müsste dann die tiefste mögliche Temperatur, der *absolute Nullpunkt* sein, denn eine weitere Abkühlung wäre unmöglich.
Obwohl diese Überlegungen vor 150 Jahren noch Spekulation waren, hat die Temperatur –273 °C (genauer –273,15 °C) schon damals einen neuen Namen erhalten: 0 K (null Kelvin) nach dem Physiker WILLIAM LORD KELVIN (1824–1907). Die Kelvinskala hat keine negativen Werte. Man kann sie als eine „um 273 Grad verschobene Celsiusskala" bezeichnen: Wasser gefriert bei +273 K, wir fühlen uns bei 293 K Raumtemperatur wohl, und Wasser siedet bei 373 K.

> Die Zahlenwerte bei Temperaturangaben auf der Kelvinskala sind um 273 höher als die auf der Celsiusskala.

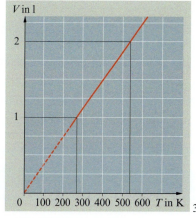

2

In dieses Glasgefäß wurde zunächst mit einem Föhn heiße Luft geblasen. Danach wurde es schnell mit einer Gummihaut verschlossen und in einen Kühlschrank gestellt. Kann sich das Gasvolumen bei weiterer Abkühlung immer weiter verringern?

3

Angaben von Temperaturen und Temperaturdifferenzen. Für Temperaturen gibt es zwei Formelzeichen: Wird die Temperatur in °C angegeben, so verwendet man das ϑ (also z. B. $\vartheta = 20\,°C$); wird die Temperatur in K angegeben, so verwendet man das T (also z. B. $T = 293$ K).
Temperaturdifferenzen werden zumeist in K angegeben. Die Temperaturdifferenz $\Delta T = 1$ K ist genauso groß wie die Temperaturdifferenz $\Delta\vartheta = 1\,°C$.

Der absolute Nullpunkt. Der Physiker GAY-LUSSAC war noch überzeugt, den absoluten Nullpunkt der Temperatur durch dauerndes Abkühlen von Luft erreichen zu können. Luft wird jedoch schon bei etwa $-183\,°C$ flüssig und bei etwa $-219\,°C$ fest. Heute sind die Physiker davon überzeugt, dass der absolute Nullpunkt selbst mit dem Edelgas Helium nicht erreicht werden kann. Helium wird erst bei $-269\,°C$, also bei 4 K, flüssig und unter normalem Luftdruck überhaupt nicht mehr fest.
Mit raffinierten Experimenten kommen die Physiker dem absoluten Nullpunkt aber sehr nahe: 0,000 000 02 K gilt derzeit als Rekord. Allerdings ist es nicht nur schwierig, solche tiefen Temperaturen zu erreichen – auch ihre Messung ist nicht einfach. Um zu entscheiden, ob die Temperatur nun 0,000 000 02 K oder 0,000 000 03 K beträgt, reichen gewöhnliche Thermometer längst nicht aus.
Was macht die Physiker so sicher, dass es keine Temperatur von -1 K oder noch tiefer gibt?
Die Temperatur eines Körpers und die Bewegung seiner kleinsten Bausteine, seiner Moleküle und Atome, hängen eng miteinander zusammen: Je höher die Temperatur des Körpers ist, desto schneller ist die ungeordnete Bewegung seiner Teilchen. Die ungeordnete Bewegung der Teilchen eines Körpers heißt **thermische Bewegung**.

Ein einfaches Experiment veranschaulicht die thermische Bewegung am Beispiel des Wassers:

Übrigens

Für die Angabe von Temperaturdifferenzen wird das Symbol Δ verwendet. ΔT steht für die Differenz der Temperaturen am Ende und am Anfang des Prozesses:
$\Delta T = T_{End} - T_{Anf}$.

EXPERIMENT 1
Fülle auf eine Untertasse etwas heißes Wasser, auf eine zweite sehr kaltes Wasser. Lege in beide gleichzeitig je ein Stück Würfelzucker!
Welches Stück löst sich schneller auf?

Die „schnellen" Moleküle des heißen Wassers dringen schneller in den Zuckerkristall und lösen ihn schneller als die „langsameren" des kalten Wassers.

Wenn man einen Körper abkühlt, nimmt die thermische Bewegung seiner Teilchen ab. Die tiefste Temperatur wäre erreicht, wenn die Teilchen sich gar nicht mehr bewegen würden.

> In einem Körper mit der Temperatur 0 K gäbe es keine thermische Bewegung seiner Teilchen.

Verglichen mit 0 K ist es hier gemütlich warm.

Reibung und thermische Bewegung von Teilchen

Wer sich beim Stangenklettern unvorsichtig herunterrutschen lässt, kann eine unangenehme Auswirkung der Reibung zu spüren bekommen: Die Hände werden nicht nur warm, sie können so heiß werden, dass es zu Hautverletzungen kommt.

In ähnlicher Weise können sich die Bremsscheiben eines Autos oder ein stumpfer Bohrer in einem harten Material stark erwärmen (Bild 2). Stets werden zwei gegeneinander bewegte Körper aneinander gepresst, sodass eine starke Reibung entsteht.

Etwas vereinfacht lassen sich die Atome und Moleküle in einem festen Körper mit Kugeln vergleichen, die durch Federn zusammengehalten werden (Bild 3). Diese Kugeln können jeweils um eine mittlere Lage schwingen. Bei einer solchen Schwingung werden ständig Bewegungsenergie und Spannenergie ineinander umgewandelt. Wird eine Kugel stark ausgelenkt, so werden die benachbarten Kugeln ebenfalls in heftigere Schwingungen versetzt.

Durch starke Reibung werden die Atome und Moleküle an der Oberfläche eines Körpers in zusätzliche Schwingungen vesetzt. Die thermische Bewegung der Teilchen wird heftiger, die thermische Energie des Körpers nimmt zu.

Auch die Moleküle einer Flüssigkeit führen thermische Bewegungen aus, sie können jedoch leicht gegeneinander verschoben werden. Die Moleküle eines Gases dagegen schwingen gar nicht, sondern sie bewegen sich geradlinig, bis sie gegen die Gefäßwand oder andere Moleküle stoßen und abgelenkt werden.

> Durch Reibung wird die thermische Bewegung der Moleküle in einem Körper heftiger. Dadurch wird die thermische Energie E_{th} des Körpers erhöht, seine Temperatur steigt.

Verformung und innere Reibung. Wenn man einen dicken Draht einige Male hin und her biegt, wird die Biegestelle spürbar warm. Die Moleküle bzw. Atome des Drahtes werden bei der Biegung gegeneinander verschoben. Es entstehen dabei innere Spannungen, die zu Schwingungen der Moleküle bzw. Atome führen. Diese Schwingungen verstärken die thermische Bewegung und werden als Temperaturerhöhung des Drahtes spürbar.

Beim Schmieden (Bild 4) wird auf das glühende Werkstück mit großen Hämmern geschlagen, um es zu verformen. Durch die heftigen Schläge bleibt es lange Zeit heiß und kann weiter bearbeitet werden.

Wer schon einmal Squash gespielt hat, kennt das: Zu Beginn des Spieles springt der kleine Ball nicht gut, er ist zu weich. Wenn er jedoch einige Male kräftig gegen die Wand gespielt wurde, springt er sehr viel besser. Der Ball ist fester geworden und fühlt sich warm an. Bei jedem Aufprall an die Wand wird der Ball verformt und prallt von der Wand zurück. Ein Teil seiner kinetischen Energie wird bei der Verformung in thermische Bewegung der Moleküle umgewandelt. Die Luft in ihm erwärmt sich, der Druck im Ball steigt.

Vorsicht vor der Reibung

Starke Reibung

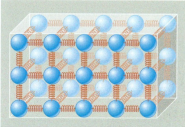

Modell schwingungsfähiger Teilchen in einem festen Körper

Die Schläge verhindern, dass das Werkstück abkühlt.

Änderung der thermischen Energie

Thermische Energie und Wärme. Um eine Stahlkugel zu erwärmen, gibt es verschiedene Möglichkeiten: Ihre thermische Energie kann z. B. durch heißes Wasser, durch Sonnenlicht oder auch durch Reibung erhöht werden. Wird die Stahlkugel durch einen anderen heißen Körper erwärmt, so sagt man auch: Wärme geht von einem Körper auf einen anderen Körper über. Durch Zufuhr von Wärme nimmt die thermische Energie des einen Körpers zu, durch Abgabe von Wärme nimmt die thermische Energie des anderen Körpers ab. Bei direktem Kontakt zwischen Körpern unterschiedlicher Temperatur kann die Energie durch Stöße von Teilchen übertragen werden. Eine Energieübertragung ist aber auch durch Wärmestrahlung möglich (siehe S. 60).

> Wird die Temperatur eines Körpers erhöht, so nimmt seine thermische Energie zu: $\Delta E_{th} > 0$. Wird die Temperatur erniedrigt, so nimmt seine thermische Energie ab: $\Delta E_{th} < 0$.

Änderung von Temperatur und Energie. Manche physikalische Größen lassen sich auf einfache Weise messen, wie etwa die Länge, die Zeit oder die Masse. Auch Temperaturen kann man in vielen Fällen einfach mit dem Thermometer bestimmen. Die thermische Energie eines Körpers kann man jedoch nicht einfach mit Waage und Thermometer bestimmen. Man ist auf die Messung von Energieänderungen angewiesen – und dabei kann man Überraschungen erleben:

EXPERIMENT 2
1. Erhitze 100 g Wasser (also 100 ml) bis zum Sieden. Gieße dieses Wasser in ein Becherglas mit 1 l Wasser. Miss vorher und nachher die Temperatur des Wassers im Becherglas!
2. Erhitze 100 g Bleischrot ebenfalls auf 100 °C, indem du es in einem Netz einige Zeit in siedendes Wasser hältst. Gib das Blei dann in ein Becherglas mit 1 l Wasser und rühre eine Weile um. Miss vorher und nachher die Temperatur des Wassers im Becherglas!

Mit 100 g siedendem Wasser wird eine Temperaturerhöhung von fast 6 °C erreicht. Die Temperaturerhöhung durch 100 g Blei von 100 °C ist kaum zu messen, sie beträgt nur etwa 0,2 °C! Offensichtlich können 100 g Wasser mit einer Temperatur von 100 °C einen Gegenstand stärker erwärmen als 100 g Blei derselben Temperatur.

Körper A — Abnahme thermischer Energie — Wärme — Körper B — Zunahme thermischer Energie

mechanische Arbeit

Spezifische Wärmekapazität. Im Experiment 2 hat sich die Temperatur von 100 g Wasser und 100 g Blei jeweils um ungefähr den gleichen Betrag geändert. Die Energiebeträge, die das Wasser und das Blei dabei abgegeben haben, sind jedoch sehr unterschiedlich. Die thermische Energie von Wasser ändert sich also bei einer bestimmten Temperaturänderung stärker als die thermische Energie von Blei der gleichen Masse.

Auch beim Erwärmen von Körpern kann untersucht werden, wie die Änderung der thermischen Energie und die Temperaturänderung miteinander zusammenhängen:

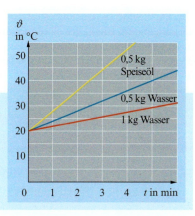

EXPERIMENT 3
1. Fülle ein Becherglas mit 0,5 kg Wasser und miss die Temperatur. Erwärme das Wasser 5 min lang mit einem Gasbrenner. Miss jeweils im Abstand von einer Minute die Temperatur, notiere sie in einer Tabelle und zeichne ein Temperatur-Zeit-Diagramm!
2. Wiederhole das Experiment mit demselben Gasbrenner mit 1,0 kg Wasser!
3. Wiederhole das Experiment mit 0,5 kg Speiseöl!

Die Temperatur des Wassers steigt gleichmäßig an: In der 2. Minute ist sie um 2 °C gestiegen, in der 3. Minute genauso viel und ebenso z. B. in der 5. Minute. Im zweiten Teil von Experiment 2 steigt die Temperatur in jeder Minute um 4 °C an, also doppelt so viel wie zuvor. Bei der halben Masse des Wassers wird für eine Temperaturerhöhung um 2 °C nur die halbe Wärme (also die halbe Zeit) benötigt. Es gilt:

> Die einem Körper zugeführte Wärme Q ist proportional zur Temperaturerhöhung ΔT: $Q \sim \Delta T$.
> Die für die Temperaturänderung ΔT erforderliche Wärme Q ist proportional zur Masse m des Körpers: $Q \sim m$.

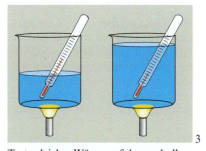

Doppelte Wärmezufuhr bewirkt doppelte Temperaturerhöhung

Im dritten Teil von Experiment 3 steigt die Temperatur des Speiseöls deutlich stärker an als bei der gleichen Menge Wasser. Dieselbe Wärme bewirkt bei verschiedenen Stoffen unterschiedliche Temperaturänderungen: Wenn man 1 kg eines bestimmten Stoffes um 1 °C (also 1 K) erwärmen will, so benötigt man dafür eine für den Stoff typische Menge an Wärme. Diese Wärme wird durch die **spezifische Wärmekapazität** c gekennzeichnet.

> Die spezifische Wärmekapazität c eines Stoffes gibt an, wie viel Wärme notwendig ist, damit sich die Temperatur von 1 kg dieses Stoffes um 1 K erhöht.

Trotz gleicher Wärmezufuhr nur halbe Temperaturerhöhung

Als Einheit der spezifischen Wärmekapazität wird $\dfrac{\text{kJ}}{\text{kg} \cdot \text{K}}$ verwendet.

Mithilfe dieser Stoffkonstanten kann berechnet werden, welche Wärme Q einem Körper, der die Masse m hat, und dessen Stoff die spezifische Wärmekapazität c besitzt, zugeführt werden muss, damit sich seine Temperatur um $\Delta T = T_{\text{End}} - T_{\text{Anf}}$ erhöht. Wird ihm diese Wärme Q entzogen, erniedrigt sich seine Temperatur um denselben Betrag:

> Durch Zufuhr der Wärme Q ändert sich die thermische Energie des Körpers um den Betrag $c \cdot m \cdot \Delta T$. Es gilt: $Q = c \cdot m \cdot \Delta T$.

In der Gleichung $Q = c \cdot m \cdot \Delta T$ kommen die experimentell gefundenen Proportionalitäten $Q \sim m$ und $Q \sim \Delta T$ zum Ausdruck. Es muss allerdings vorausgesetzt werden, dass sich der Aggregatzustand des Körpers nicht ändert.

Die spezifische Wärmekapazität von Wasser ist sehr groß im Verhältnis zu derjenigen von Blei. Dies ist der Grund, weshalb sich das Wasser im Experiment 2 fast gar nicht erwärmt:
Angenommen, zunächst hat das Wasser eine Temperatur von 20 °C und das Blei hat eine Temperatur von 100 °C. Wenn sich 100 g Blei um $\Delta T_{\text{Blei}} = 80$ K abkühlen würden, würde das Blei dabei eine Wärme von

$$Q = 0{,}13 \ \frac{\text{kJ}}{\text{kg} \cdot \text{K}} \cdot 0{,}1 \ \text{kg} \cdot 80 \ \text{K} = 1{,}04 \ \text{kJ abgeben.}$$

Mit dieser Wärme ließe sich aber die Temperatur von 1 kg Wasser nur um

$$\Delta T = \frac{1{,}04 \ \text{kJ}}{4{,}19 \ \dfrac{\text{kJ}}{\text{kg} \cdot \text{K}} \cdot 1 \ \text{kg}} = 0{,}25 \ \text{K erhöhen.}$$

Spezifische Wärmekapazitäten					
Stoff	c in $\frac{\text{kJ}}{\text{kg} \cdot \text{K}}$	Stoff	c in $\frac{\text{kJ}}{\text{kg} \cdot \text{K}}$	Stoff	c in $\frac{\text{kJ}}{\text{kg} \cdot \text{K}}$
Aluminium	0,90	Keramik	0,85	Aceton	2,10
Beton	0,84	Kunststoffe	1,3 bis 2,1	Alkohol (Ethanol)	2,40
Blei	0,13	Kupfer	0,39	Glycerin	2,39
Diamant	0,50	Messing	0,38	Petroleum	2,00
Eisen	0,45	Porzellan	0,84	Quecksilber	0,14
Glas	ca. 0,8	Stein	ca. 0,75	Wasser	4,19
Graphit	0,78	Styropor	1,5		
Gold	0,13	Ziegel	0,84	Helium (p = konstant)	5,23
Holz	ca. 1,5	Zinn	0,23	Luft (p = konstant)	1,01

Das Klima am Meer. Die Wärmekapazität von Wasser ist sehr groß im Vergleich zur Wärmekapazität anderer Stoffe. Deshalb kann das Meerwasser viel Energie speichern und wieder abgeben. Es sorgt damit in den Küstenregionen für ein ausgeglichenes Klima, das nur relativ geringe Temperaturunterschiede aufweist. Ebenso können die Temperaturschwankungen zwischen Tag und Nacht in der Nähe von Gewässern kleiner ausfallen als in größerer Entfernung von Gewässern.

Messungen mit dem Kalorimeter. Um die spezifische Wärmekapazität verschiedener Stoffe zu bestimmen, werden besondere Gefäße verwendet, so genannte Kalorimeter (Bild 1). Das erwärmte Material, das fest, flüssig oder sogar gasförmig sein kann, wird in ein Wasserbad gegeben und die Temperaturänderung des Wassers wird gemessen. Ein Kalorimeter besteht aus einem mit Wasser gefüllten Becher, in dessen Mitte sich eine Kammer für den zu untersuchenden Stoff befindet. Mit einem Präzisionsthermometer wird die Temperaturänderung des Wassers gemessen.
Bei genauen Messungen muss berücksichtigt werden, dass sich ja nicht nur das Wasserbad, sondern auch die Innenwände des Kalorimeters erwärmen. Deshalb findet sich auf dem Kalorimeter eine Angabe über seine Wärmekapazität. Beträgt diese z. B. 60 J/K, so bedeutet dies: Bei einer Erwärmung des Wassers um 1 K nehmen die Innenwände des Kalorimeters eine Energie von 60 J auf.

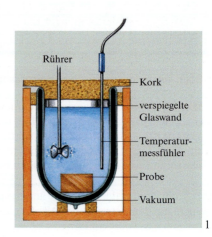

Rührer

Kork

verspiegelte Glaswand

Temperaturmessfühler

Probe

Vakuum

1

Gefühlte Temperatur

Ihr macht eine Bergwanderung, 12 °C zeigte das Thermometer an der Berghütte, die Sonne scheint, es weht ein leichter Wind. Den dicken Pullover hast du bald ausgezogen und du fühlst dich richtig wohl – nicht zu warm und nicht zu kalt. Da schiebt sich eine große Wolke vor die Sonne. Sofort wird dir kühler und bald ziehst du den Pullover wieder an.

Es hat sich eigentlich nicht viel geändert: Das Thermometer wird immer noch 12 °C anzeigen. Nur die Wärmestrahlung der Sonne fehlt und schon beginnst du zu frieren.

Die Sonne kommt wieder durch und ihr findet eine geschützte Mulde für eine Pause. Schon nach kurzer Zeit ist dir selbst im Hemd noch zu warm. Wieder hat sich am Wetter nicht viel geändert und noch immer würde das Thermometer 12 °C anzeigen. Nur der leichte Wind, der euch zuvor noch abgekühlt hat, fehlt in eurer Nische.

12 Grad empfindet man nicht immer als 12 Grad! Je nachdem, welche Witterungsbedingungen noch dazu kommen, kann uns diese Temperatur höher oder niedriger erscheinen.

Der Mensch ist eben kein Thermometer. Man kann ihn eher mit einem Ofen vergleichen. Allerdings mit einem ganz besonderen Ofen, der im Inneren immer genau dieselbe Temperatur haben muss, nämlich genau 37 °C. Schon eine Abweichung von 5 °C führt beim Menschen zu schweren Schäden oder sogar zum Tod. Deshalb muss die in den Muskeln und Gefäßen erzeugte Wärme dauernd abtransportiert, abgeleitet werden.

Und diese Temperaturregelung muss bei kräftiger Arbeit genauso exakt funktionieren wie im Schlaf, im heißen Sommer wie im kalten Winter. Eine tolle Leistung unseres Organismus!

Die Wärmeabgabe des Menschen muss über die Haut und durch die Kleidung reguliert werden. Dabei gilt:
– Je niedriger die Lufttemperatur ist, desto größer ist die Wärmeabgabe.
– Der Wind erhöht die Wärmeabgabe.
– Je höher die Luftfeuchtigkeit ist, desto geringer ist die Wärmeabgabe.
– Je dicker die Kleidung und je mehr Körperfläche damit bedeckt ist, desto geringer ist die Wärmeabgabe.
– Wenn die Sonne scheint, erwärmt sie uns zusätzlich von außen.

Erst wenn all diese Einflüsse richtig miteinander kombiniert werden, kann man vorhersagen, wie ein passend gekleideter Mensch dieses Wetter empfindet, kalt oder warm, vielleicht sogar heiß.

Im Wetterbericht wird deshalb manchmal nicht nur die Lufttemperatur angegeben, sondern auch die „gefühlte Temperatur". Sie wird mit einer komplizierten Formel aus den genannten und von der Wetterstation gemessenen Werten – Lufttemperatur, Sonneneinstrahlung, Windgeschwindigkeit und Luftfeuchtigkeit – berechnet.

Bei Angabe der gefühlten Temperatur werden die tatsächlichen Witterungsbedingungen mit derjenigen Temperatur verglichen, die in einer Standardumgebung herrschen müsste, um dasselbe Wärmegefühl zu haben. Die Standardumgebung ist ein tiefer Schatten bei einem leichten Windzug von 0,1 m/s. Außerdem wird vorausgesetzt, dass der Mensch sich etwas bewegt (Gehen mit 5 km/h) und sich angemessen kleidet.

Wenn es im Wetterbericht heißt „gefühlte Temperatur 15 °C", dann wird dir das Wetter angenehm sein, sofern du passend gekleidet bist. Im Winter solltest du eine warme Jacke tragen und im Sommer vielleicht ein T-Shirt.

1

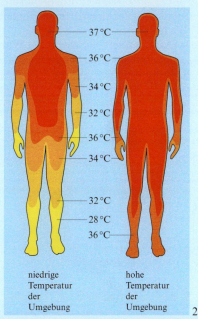

niedrige Temperatur der Umgebung | hohe Temperatur der Umgebung 2

gefühlte Temperatur in °C	thermisches Empfinden	Belastung des Körpers
< –30	sehr kalt	extrem
–20 bis –30	kalt	stark
–5 bis –10	kühl	mäßig
+5 bis –5	leicht kühl	gering
+5 bis +17	behaglich	keine
+17 bis +20	leicht warm	gering
+20 bis +26	warm	mäßig
+26 bis +34	heiß	stark
> +34	sehr heiß	extrem

Hohe und tiefe gefühlte Temperaturen können zu einer Belastung des Körpers führen.

Umrühren mit System

Vor mehr als 200 Jahren haben die Physiker bemerkt, dass verschiedene Körper bei Zufuhr von Wärme unterschiedliche Temperaturen erreichen. Für Messungen hat man damals die Erwärmung von Wasser als Vergleich benutzt. Daraus ergab sich die Einheit Kalorie .

In dieser Zeit gelang es, Wärme in mechanische Energie umzuwandeln. JAMES WATT hat ab etwa 1785 die Entwicklung der Dampfmaschine weit vorangebracht: Aus thermischer Energie wird kinetische oder potenzielle Energie.

Der englische Physiker JAMES PRESCOTT JOULE begann etwa 1840 experimentelle Untersuchungen zur Umwandlung der Energie. Zu jener Zeit wusste man noch nicht, dass die Energie erhalten bleibt. Deshalb wurden für die verschiedenen Energieformen auch unterschiedliche Einheiten benutzt. JOULE interessierte die Frage: Mit welchem „Wechselkurs" wandeln sich die verschiedenen Energieformen ineinander um?

JOULE fand heraus, wovon die Wärmeabgabe eines stromdurchflossenen Leiters abhängt, und beschäftigte sich später mit der „Wärme-Erregung bei Reibung von Flüssigkeiten."

1

JAMES PRESCOTT JOULE (1818–1889)

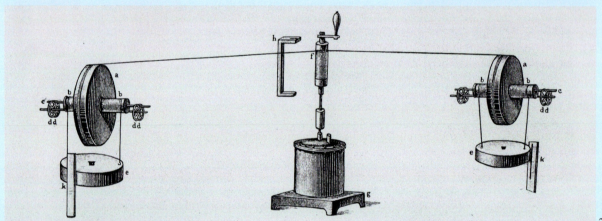

2

In einem zylinderförmigen Rührwerk (g) befanden sich feststehende Platten, drehbare Flügelräder und Wasser. Die Flügelräder wurden durch zwei herabsinkende Bleikörper (e) in Drehung versetzt und verrichteten an dem Wasser Reibungsarbeit. Dabei wurde das Wasser erwärmt. Da ein einmaliges Absinken der Bleiklötze nur eine sehr geringe Temperaturerhöhung des Wassers bewirkte, mussten die Bleiklötze mehrfach mit der Kurbel (f) wieder angehoben werden.

Die mechanische Energie der Bleiklötze berechnete JOULE nach der Gleichung $E = m \cdot g \cdot h$. Diese Energie musste nach Ansicht von JOULE vollständig in Wärme umgewandelt werden: $Q = c \cdot m \cdot \Delta T$. Daraus ermittelte JOULE den „Wechselkurs" zwischen mechanischer und thermischer Energie.

JOULE hat seine Experimentieranordnung mehrfach verbessert, um sicherzustellen, dass die mechanischen Energie der Bleiklötze vollständig in thermische Energie des Wassers umgewandelt wurde. Die Reibung im Rührwerk musste möglichst groß sein, damit die potenzielle Energie der Bleiklötze nicht in kinetische Energie umgewandelt wurde. Da die Experimente relativ lange dauerten, musste auch für eine gute Wärmeisolierung des Wassergefäßes gesorgt werden.

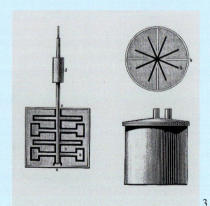

3

Schnitt durch das Rührwerk

AUFGABEN

1. Müsste es nicht auch einen „absoluten Maximalwert" der Temperatur geben, so wie es den absoluten Nullpunkt gibt?

2. 1 l Wasser wird mit einer bestimmten Wärmequelle erhitzt. Zeichne das Temperatur-Zeit-Diagramm. Zeichne auch den Verlauf der Kurven für 0,5 l und für 2 l Wasser ein, die mit derselben Wärmequelle erhitzt werden!

3. Eine Wärmflasche wird mit 1 l heißem Wasser gefüllt. Wie viel Wärme gibt sie beim Abkühlen um $\Delta T = 60$ K ab? Wie viele kg Ziegelsteine derselben Temperatur müsste man verwenden, um den gleichen Effekt zu erzielen? Wie viel Blei würde man brauchen?

4. Eisen fühlt sich oft viel kälter an als Holz gleicher Temperatur. Hat das mit der spezifischen Wärmekapazität der beiden Stoffe zu tun?

5. 500 g Wasser ($T = 293$ K) sollen in einem Glasgefäß ($m = 100$ g) zum Sieden gebracht werden.
   a) Wie viel Wärme ist hierfür erforderlich?
   b) Wie viel Wärme ist erforderlich, wenn ein Kupfergefäß der Masse 150 g verwendet wird?

6. Ein Wasserkocher hat eine Leistung von 1 750 W. Wie lange braucht er, um 1 l Wasser von 10 °C zum Sieden zu bringen?

7. In einem Kalorimeter werden 2 g einer Substanz verbrannt. Dabei erhöht sich die Temperatur des Wassers ($m = 800$ g) um 15 K.
   Bestimme den Heizwert der Substanz!
   a) Vernachlässige die Wärmekapazität des Kalorimeters!
   b) Berücksichtige eine Wärmekapazität des Kalorimeters von 60 J / K!

8. 200 g Wasser von 20 °C werden mit 200 g Wasser von 70 °C gemischt.
   a) Welche Endtemperatur ergibt sich?
   b) Wie viel Wärme wird zwischen den beiden Wassermengen ausgetauscht?

9. 250 g heißer Tee (80 °C, also 353 K) werden in einen Keramikbecher ($m = 300$ g, 20 °C, also 293 K) gegeben. Nach einiger Zeit stellt sich eine Temperatur von 68 °C ein (bei Vernachlässigung der Wärmeabgabe an die umgebende Luft).
   Zeige, dass die vom Wasser abgegebene Wärme betragsmäßig gleich der vom Becher aufgenommenen Wärme ist!

10. Ein Durchlauferhitzer erhöht die Temperatur des fließenden Wassers von 15 °C auf 60 °C. Welche thermische Leistung muss er besitzen, damit pro Minute 10 l heißes Wasser gezapft werden können?

ZUSAMMENFASSUNG

| 0 | 73 | 173 | 273 293 | 373 | T in K |

| −273,15 | −200 | −100 | 0 20 | 100 | ϑ in °C |

Die Kelvinskala der Temperatur beginnt am absoluten Nullpunkt.

Durch die Zufuhr von Wärme oder die Umwandlung von mechanischer Energie kann die thermische Energie eines Körpers geändert werden.

Durch Zufuhr oder Abgabe der Wärme Q ändert sich die thermische Energie des Körpers um den Betrag $c \cdot m \cdot \Delta T$.
$Q = c \cdot m \cdot \Delta T$
c: spezifische Wärmekapazität des Stoffes, aus dem der Körper besteht; Einheit von c: kJ/(kg · K)
m: Masse des Körpers
ΔT: Temperaturdifferenz $\Delta T = T_{End} - T_{Anf}$

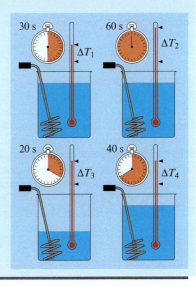

Temperaturausgleich von zwei Körpern (ohne Beteiligung eines dritten):
$Q_1 = -Q_2$
Q_1: Vom Körper 1 abgegebene Wärme
Q_2: Vom Körper 2 aufgenommene Wärme

Auf der Insel Hawaii fließt die noch heiße Lava zischend ins Meer. Ein faszinierendes Naturschauspiel! Lava ist flüssiges Gestein aus dem Erdinneren. Solange sie heißer als etwa 700 °C ist, fließt sie wie flüssiges Blei. Mit dieser Temperatur stürzt die Lava ins Meer und wärmt das Wasser an.
Die Lava erstarrt zu Klumpen, die auf den Grund sinken.
Durch dieses Erstarren wird das Wasser zusätzlich erwärmt – aber durch das Verdampfen wird es gleichzeitig gekühlt.
Was geschieht hier?

Wärme beim Schmelzen

Getränke werden oft mit Eiswürfeln gekühlt, die aus dem Eisfach kommen und dann im Glas schmelzen. – Warum gibt man nicht einfach etwas kaltes Wasser hinein?

EXPERIMENT 1
1. Erhitze 100 g Wasser in einem Becherglas auf 90 °C!
2. Wiege 100 g trockenes zerstoßenes Eis ab, gib das Eis in ein Thermosgefäß und gieße das heiße Wasser dazu!
3. Warte ab, bis das gesamte Eis geschmolzen ist, rühre kurz um und miss die Temperatur!

Die Mischungstemperatur ist vielleicht niedriger, als du erwartet hast. Hätte man zweimal 100 g flüssiges Wasser von 0 °C bzw. 90 °C gemischt, so hätte die Mischungstemperatur mit Sicherheit bei 45 °C gelegen. – Wo ist im Experiment die Wärme geblieben?
Werden Eisstücke und Wasser gut gemischt, so stellt sich stets eine Temperatur von 0 °C ein. Führt man einem solchen Gemisch dann Wärme zu, so ändert sich seine Temperatur zunächst nicht. Nur das Eis schmilzt nach und nach. Erst wenn alles Eis geschmolzen ist, steigt die Temperatur an (Bild 3). Zum Schmelzen muss Wärme zugeführt werden. Die Wärme, die nur für das Schmelzen eines Körpers notwendig ist, heißt **Schmelzwärme**.
Wenn man das Experiment 1 mit heißem Wasser von 80 °C durchführt, dann reicht die thermische Energie des heißen Wassers gerade aus, um das Eis zu schmelzen, also um aus Eis von 0 °C Wasser von 0 °C werden zu lassen. Die Tempcratur der gesamten Wassermenge beträgt am Ende 0 °C.
Damit kann man berechnen, wie viel Wärme notwendig ist, um 1 kg Eis zu schmelzen: Wenn 1 kg Wasser von 80 °C auf 0 °C abgekühlt wird, gibt es dabei die Wärme $Q = 4{,}19 \, \frac{kJ}{kg \cdot K} \cdot 1 \, kg \cdot 80 \, K = 335 \, kJ$ ab.

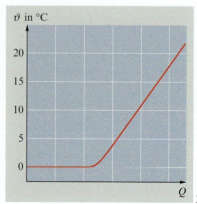

Trotz gleichmäßiger Wärmezufuhr kein gleichmäßiger Temperaturanstieg

Auch für alle anderen Stoffe kann ein solcher Wert gefunden werden, der angibt, wie viel Wärme erforderlich ist, um 1 kg dieses Stoffes zu schmelzen. Diese Stoffkonstante heißt **spezifische Schmelzwärme** q_S.

> Die spezifische Schmelzwärme q_S eines Stoffes gibt an, wie viel Wärme zugeführt werden muss, um 1 kg dieses Stoffes zu schmelzen.

Spezifische Schmelzwärme in $\frac{kJ}{kg}$	
Alkohol (Ethanol)	108
Aluminium	397
Blei	23
Eisen	277
Gold	64
Kupfer	205
Silber	105
Wasser (Eis)	335

Schmelzen und Erstarren. Während für das Schmelzen eines Körpers Energie aufgewandt werden muss, wird beim Erstarren eines Körpers Energie frei. Dies wird zum Beispiel von den Wein- und Obstbauern genutzt:
In manchen Jahren kommt es während der Obstbaumblüte im Frühjahr zu Nachtfrost. Wenn die Blüten einfrieren würden (also wenn die Flüssigkeit in den Blüten erstarren würde), käme es in einem solchen Jahr zu einem erheblichen Ernteausfall.
Um ein Einfrieren zu verhindern, werden bei drohendem Nachtfrost die Blüten mit Wasser besprüht. Beim Erstarren gibt das Wasser Wärme an die Blüten ab. Die Blüten werden geschützt.

> Die Wärme, die zum Schmelzen eines festen Körpers erforderlich ist, ist genauso groß wie die Wärme, die beim Erstarren der entstandenen Flüssigkeit wieder frei wird.

1

Beim Erstarren gibt das Wasser Wärme an die Blüten ab.

Wärme beim Verdampfen

Als es noch keine Kühlschränke gab, musste man sich anderweitig helfen, um Lebensmittel kühl zu halten. Eine Methode bestand darin, z.B. ein Gefäß mit Butter in ein größeres Gefäß aus Ton zu stellen, das mit Wasser gefüllt war. Durch die poröse Tonwand konnte das Wasser nach außen dringen und verdunsten. Die Butter blieb dadurch deutlich kühler als die Umgebung. Auch heute gibt es noch Weinkühler, die nach diesem Prinzip funktionieren (Bild 2).
Lebewesen müssen eine „Klimaanlage" haben, damit sich ihre Körpertemperatur nicht übermäßig erhöht. Wenn wir Sport treiben, fangen wir an zu schwitzen: Von unserer Haut verdunstet Wasser (Bild 3). Hunde können nicht schwitzen. Sie öffnen aber ihre Schnauze, die feuchte Zunge hängt weit heraus. Sie hecheln, um die Verdunstung zu beschleunigen (Bild 4).
Unter **Verdampfen** versteht man den Übergang eines Stoffes vom flüssigen in den gasförmigen Zustand. Der gasförmige Stoff wird auch als Dampf bezeichnet. **Verdunsten** ist eine besondere Form des Verdampfens: Bereits bei Umgebungstemperatur und ohne Wärmezufuhr bildet sich an der Oberfläche der Flüssigkeit Dampf.

2

3

4

Für die Umwandlung einer Flüssigkeit in Dampf ist Wärme erforderlich. Diese wird **Verdampfungswärme** genannt. Wird von außen keine Wärme zugeführt, so wird die Verdampfungswärme von der Flüssigkeit selbst geliefert. Die Flüssigkeit kühlt sich dabei ab.

Wenn man Wasser gleichmäßig erwärmt, also mit einer Wärmequelle konstanter thermischer Leistung in Kontakt bringt, erhält man für die Temperatur Messergebnisse wie im Bild 1: Im Temperatur-Zeit-Diagramm liegen die Messwerte zunächst auf einer Geraden. Sobald das Wasser jedoch zu verdampfen beginnt, wird die Kurve flacher. Ein Teil der zugeführten Wärme wird für das Verdampfen benötigt. Und je stärker das Wasser verdampft, desto flacher wird die Kurve.

Bei 100 °C schließlich steigt die Temperatur nicht weiter an. Das Wasser siedet. Die gesamte zugeführte Wärme bewirkt ausschließlich ein weiteres Verdampfen des Wassers. Die Menge des Dampfes, die nun pro Zeit entsteht, richtet sich nach der thermischen Leistung der Wärmequelle. Bild 2 zeigt zwei Töpfe, die schon lange auf einem Herd stehen: in beiden herrscht die gleiche Wassertemperatur von 100 °C, aber der Schalter der einen Herdplatte steht auf „6", der Schalter der anderen nur auf „3".

Im folgenden Experiment soll die Verdampfungswärme einer Wassermenge bestimmt werden.

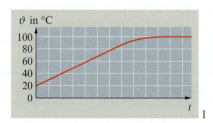

1

2

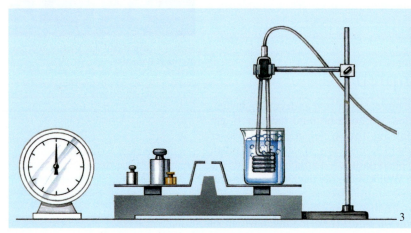

3

EXPERIMENT 2
Wasser wird in einem Becherglas erwärmt, das auf einer Waage steht. Als Wärmequelle wird ein 1 000-W-Tauchsieder verwendet. Wenn das Wasser siedet, wird die Waage genau austariert. Dann wird eine Stoppuhr eingeschaltet und ein 50-g-Wägestück von der Waage genommen.
Sobald 50 g Wasser verdampft sind – die Waage also wieder Gleichgewicht anzeigt –, wird die Uhr gestoppt.

Nach etwa 120 Sekunden sind 50 g Wasser verdampft. Der Tauchsieder hat dem Wasser in dieser Zeit eine Wärme von $Q = 1000\ \text{W} \cdot 120\ \text{s} = 120\ \text{kJ}$ zugeführt.

> Die spezifische Verdampfungswärme q_V eines Stoffes gibt an, wie viel Wärme zugeführt werden muss, um 1 kg dieses Stoffes zu verdampfen.

Verdampfen und Kondensieren. Bei manchen Espressomaschinen gibt es ein kleines Rohr, aus dem heißer Wasserdampf ausströmt (Bild 4). Damit kann man Milch aufschäumen und gleichzeitig stark erhitzen. Der Wasserdampf kondensiert in der kalten Milch und gibt dabei sehr viel Wärme an die Milch ab.

> Die Wärme, die 1 g Wasserdampf beim Kondensieren abgibt, ist genauso groß wie die Wärme, die erforderlich ist, um 1 g Wasser von 100 °C in Dampf von 100 °C umzuwandeln.

Spezif. Verdampfungswärme in $\frac{\text{kJ}}{\text{kg}}$	
Alkohol (Ethanol)	850
Aluminium	10 600
Blei	860
Eisen	6 300
Gold	1 600
Kupfer	4 800
Wasser	2 260

4

Ein Blick ins Innere der Flüssigkeiten

Fast alle festen Stoffe werden bei starker Erwärmung flüssig. Zwar machen Holz, Gummi und manche Kunststoffe eine Ausnahme, sie fangen an zu brennen. Aber Glas und Metalle wie Eisen, Kupfer und Aluminium werden oberhalb einer bestimmten Temperatur flüssig. Sie schmelzen. Selbst Stein quillt als flüssige Lava aus den Vulkanen.

Als Flüssigkeiten verhalten sich auch diese Stoffe wie gewöhnliche Flüssigkeiten, die du aus dem Alltag kennst: Sie fließen (Bild 1), das heißt, sie füllen den gebotenen Raum aus und sie bilden eine ebene, horizontale Oberfläche; ganz anders als die festen Körper, die ihre eigene Gestalt beibehalten.

Obwohl sich das Verhalten der Stoffe beim Schmelzen stark ändert, ändert sich doch kaum deren Dichte ϱ: 1 kg flüssiges Eisen hat fast das gleiche Volumen wie festes Eisen. Das Gleiche gilt für fast alle Stoffe.

1

Stoff	im festen Zustand		im flüssigen Zustand	
	ϱ in g/cm³	ϑ in °C	ϱ in g/cm³	ϑ in °C
Alkohol (Ethanol)	0,85	–115	0,80	0
Aluminium	2,7	25	2,4	660
Blei	11,3	25	10,7	327
Eisen	7,9	25	7,2	1 538
Kupfer	9,0	25	8,0	1 085
Wasser	0,92	0	1,0	0

Daraus kann man schließen:

> Der Abstand der Teilchen nimmt beim Übergang vom festen zum flüssigen Zustand nur wenig zu.

Wasser macht eine Ausnahme: Eis von 0 °C hat eine kleinere Dichte als Wasser von 0 °C, schwimmt also (Bild 2).

2

Anders als im festen Körper sind aber in der Flüssigkeit die Teilchen leicht gegeneinander verschiebbar, wie die Kaffeebohnen im Glas. Die Verschiebbarkeit ist jedoch abhängig von der Temperatur.

EXPERIMENT 3
Bohre in eine große durchsichtige Plastikflasche dicht über dem Boden ein Loch und klebe horizontal einen Trinkhalm wasserdicht ein!
Miss die Dauer für das Auslaufen (a) von kaltem und (b) von warmem Wasser!

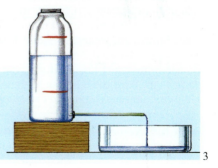

3

Das Experiment zeigt, dass warmes Wasser – bei sonst gleichen Bedingungen – schneller ausläuft als kaltes: Je höher die Temperatur, desto „flüssiger" wird Wasser. Dies gilt für viele Flüssigkeiten, z.B. auch für Öl und Spiritus.

Diese Beobachtung bedeutet für das Modell vom Aufbau der Stoffe:

> Je höher die Temperatur einer Flüssigkeit ist, desto leichter lassen sich die Teilchen gegeneinander verschieben.

Schon gewusst?

Im Winter kann der Dieselkraftstoff im Tank so „zäh" werden, dass er sich nicht mehr zum Motor pumpen lässt.
Um dies zu verhindern, werden dem Kraftstoff andere Stoffe beigemischt.

Ein Blick ins Innere der Gase

Beim Schmelzen, also beim Übergang vom festen zum flüssigen Zustand, vergrößert sich das Volumen nur geringfügig. Aber beim Übergang vom flüssigen zum gasförmigen Zustand nimmt das Volumen sehr stark zu (falls nicht großer Druck herrscht). Unsere Luft besteht zu etwa 80% aus Stickstoff. Flüssiger Stickstoff hat eine Temperatur von unter −195 °C, denn das ist seine Siedetemperatur. Wenn man eine Tasse voll flüssigen Stickstoff in einen großen, luftleeren Müllbeutel schüttet, bläht sich dieser auf, als würde er gleich platzen: Aus 1 cm³ flüssigem Stickstoff werden bei Raumtemperatur etwa 650 cm³ gasförmiger Stickstoff.

1

EXPERIMENT 4
1. An einem durchsichtigen Einwegfeuerzeug wird der Flüssigkeitsstand mit einem wasserfesten Stift markiert.
2. Ein Messzylinder (250 ml) wird so in einen Eimer mit Wasser getaucht, dass der Messzylinder vollständig mit Wasser gefüllt ist und seine Öffnung nach unten zeigt. Das Feuerzeug wird im Wasser unter die Öffnung des Messzylinders gehalten. Das Ventil wird geöffnet, sodass die Gasblasen in den Messzylinder steigen. Es wird abgewartet, bis sich der Zylinder etwa zur Hälfte gefüllt hat.
3. Das Gasvolumen im Messzylinder wird bestimmt.
4. Der Flüssigkeitsstand im Feuerzeug wird erneut markiert und die Differenz zum ursprünglichen Volumen abgeschätzt.

2

Das brennbare Gas im Feuerzeug ist Butan. Butan siedet bei −0,5 °C , aber unter Druck bleibt es auch bei Raumtemperatur noch flüssig. Beim Ausströmen werden aus 1 cm³ flüssigem Butan etwa 200 cm³ gasförmiges Butan. Noch größer ist der Unterschied beim Verdampfen von Wasser: Aus 1 cm³ Flüssigkeit werden bei 100 °C etwa 1 600 cm³ Wasserdampf.

Beim Transport von Erdgas wird genutzt, dass das Volumen dieses Stoffes sich auf etwa 1/600 verkleinert, wenn wenn das Gas durch hohen Druck verflüssigt wird. Um wie viel nimmt der Abstand der kleinsten Bausteine eines Stoffes zu, wenn aus 1 cm³ Flüssigkeit 1 000 cm³ Gas werden? In einem Gedankenexperiment kann man sich vorstellen, dass es nur einen Baustein pro cm³ Flüssigkeit gibt; der Abstand zu den Nachbarn beträgt dann 1 cm. Wird diese Flüssigkeit zum Gas, gibt es nur einen Baustein in 1 000 cm³, dessen Abstand zu den Nachbarn 10 cm wäre (Bild 4).

3
Zum Transport werden brennbare Gase unter hohem Druck verflüssigt.

> Der Abstand der Teilchen eines Stoffes nimmt beim Wechsel vom flüssigen zum gasförmigen Zustand etwa um das 10fache zu.

In der Flüssigkeit liegen die Teilchen „dicht gepackt" beieinander. Dadurch üben sie stets abstoßende aber auch anziehende Kräfte aufeinander aus. Die Teilchen eines Gases befinden sich in einem so großen Abstand, dass sie nahezu unabhängig voneinander durch den Raum fliegen können.

Allerdings ist die Anzahl der Teilchen so riesig, dass sie dauernd zusammenstoßen: Unter Normalbedingungen stößt ein Luftmolekül etwa 7 000 000 000-mal pro Sekunde mit anderen Molekülen zusammen. Zwischen zwei Zusammenstößen legt es aber im Mittel nur eine Strecke von etwa 0,000 07 mm zurück.

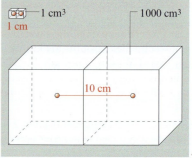
4

Von Schuhgrößen und der kinetischen Energie der Moleküle

Was hat die Schuhgröße mit der kinetischen Energie der Moleküle gemeinsam? Eigentlich nur wenig! Aber lass dir trotzdem von allen Mitschülerinnen und Mitschülern ihre Schuhgröße sagen und trage die Häufigkeit der einzelnen Schuhgrößen in ein Diagramm ein.

Bild 2 zeigt die Verteilung der Häufigkeit der Schuhgrößen: Viele haben die Schuhgröße 40, nur ganz wenige haben 44 und ebenfalls nur einige noch die Schuhgröße 35. Als ihr in der 4. Klasse wart, war das anders, da war vermutlich die Schuhgröße 34 am häufigsten vertreten.

1

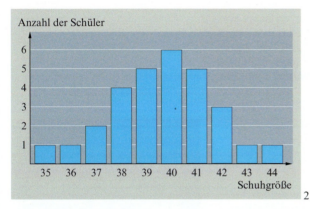

2

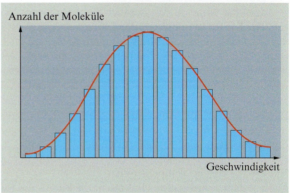

3

Jedes Molekül des Wassers in einem Becherglas hat als Folge seiner thermischen Bewegung eine bestimmte Geschwindigkeit (Bild 3). Aber nicht alle Moleküle haben die gleiche Geschwindigkeit, obwohl das Wasser genau *eine* Temperatur hat. Einige Moleküle sind schneller, einige sind langsamer.

Wird die Anzahl der Moleküle mit einer bestimmten Geschwindigkeit gegen diese Geschwindigkeit aufgetragen, ergibt sich eine **glockenförmige Verteilung**, ähnlich wie bei euren Schuhgrößen: Die meisten Moleküle haben eine mittlere Geschwindigkeit, einige sind langsamer, einige schneller und nur ganz wenige sind sehr schnell. Die kinetische Energie ist also nicht für alle Moleküle dieselbe.

Wird das Wasser erwärmt, so verschiebt sich das Maximum (die höchste Stelle) der Verteilung nach rechts, zu höheren Geschwindigkeiten (Bild 4). Nicht nur für Wasser, sondern für alle Flüssigkeiten und auch für feste Körper und Gase, gilt:

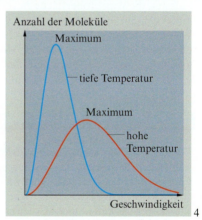

Bei Temperaturerhöhung verschiebt sich das Maximum der Verteilung.

4

> Bei einer bestimmten Temperatur haben die Teilchen eines Körpers nicht alle dieselbe kinetische Energie.

Brown'sche Bewegung. Unter einem Mikroskop kann man beobachten, wie sich Aschekörnchen in der Luft langsam bewegen (Bild 5). Wenn alle Luftmoleküle dieselbe Geschwindigkeit hätten und stets gleichmäßig von allen Richtungen her gegen die Aschekörnchen stießen, so blieben die Aschekörnchen in Ruhe.

Aber die Geschwindigkeiten der einzelnen Luftmoleküle ändert sich ständig, ebenso ihre Bewegungsrichtung. Mal erfährt ein Aschekörnchen also mehr und heftigere Stöße von links, mal mehr von rechts usw.

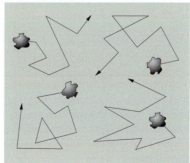

5

Kinetische Energie und Verdunsten

EXPERIMENT 5
Fülle zwei gleiche Bechergläser mit der gleichen Menge warmen Wassers von 40 °C bzw. 60 °C. Stelle sie auf die Waagschalen einer empfindlichen Balkenwaage. Stelle Gleichgewicht her und beobachte einige Zeit!
Was geschieht, wenn du Wasser mit 20 °C statt mit 40 °C nimmst?

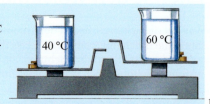

1

Warum wird die Seite mit dem wärmeren Wasser leichter? Die Moleküle mit der größten kinetischen Energie sind so schnell, dass sie – wenn sie gerade in der Nähe der Wasseroberfläche sind – das Wasser verlassen können. Die Kräfte zwischen den Molekülen, die das Wasser zusammenhalten, reichen nicht mehr aus, solch schnelle Moleküle zu halten: Das Wasser verdunstet. Je höher die Temperatur des Wassers, desto mehr Moleküle mit großer kinetischer Energie enthält es, desto mehr Wasser kann also verdunsten. Das Gleiche gilt für alle anderen Flüssigkeiten.

Wer zwei Gläser mit Wasser ins Regal stellt und nur eines davon abdeckt, stellt fest: Das Wasser im offenen Glas ist nach wenigen Tagen verdunstet. Im abgedeckten Glas verändert sich der Wasserspiegel kaum. Wie kommt es zu diesen unterschiedlichen Ergebnissen, obwohl das Wasser in beiden Gläsern die gleiche Temperatur hat?
Auch in dem abgedeckten Glas reicht die kinetische Energie einiger Moleküle aus, die Wasseroberfläche zu verlassen. Bald sind aber so viele Wassermoleküle im Luftraum über dem Glas, dass einige von ihnen wieder in das Wasser gelangen, also ein Teil des Dampfes kondensiert. Es bildet sich ein Gleichgewicht: Die Anzahl der Moleküle, die das Wasser verlassen, ist gleich der Anzahl der Moleküle, die wieder in das Wasser zurückkehren.

2

Ist der Raum über einer Flüssigkeit abgeschlossen, dann stellt sich mit der Zeit ein Gleichgewicht zwischen Verdunsten und Kondensieren ein.

Wie die Verdunstungskühlung funktioniert. Wenn beim Verdunsten die schnellsten Moleküle das Wasser verlassen, nehmen sie ihre kinetische Energie mit. Diese „fehlt" jetzt im Wasser. Und wenn dem Wasser von außen keine Wärme zugeführt wird, dann wird es mit jedem verdunsteten Molekül etwas kälter. Der Mittelwert der kinetischen Energie der Moleküle sinkt – und das bedeutet: die Temperatur sinkt.
Ähnlich ist es mit den Schuhen: Wenn die Schüler mit den größten Füßen die Klasse verlassen, wird der Mittelwert der restlichen Schuhgrößen kleiner.

3

Frischer Wind fördert das Verdunsten.

Beim Verdunsten von Flüssigkeit sinkt ihre Temperatur: Die thermische Energie der Flüssigkeit nimmt ab, da Moleküle mit hoher kinetischer Energie die Flüssigkeit verlassen.

Was würde wohl passieren, wenn es gelänge, die Moleküle mit der geringsten kinetischen Energie aus einem Stoff zu entfernen? – Dann würde der Mittelwert der kinetischen Energien der zurückbleibenden Moleküle, also auch die thermische Energie des Stoffes ansteigen: Die Temperatur müsste also steigen.

Übrigens

Wenn sich in einer Wolke Tröpfchen bilden, verliert der Wasserdampf seine „langsamsten" Moleküle. Die Temperatur des restlichen Wasserdampfes und der Luft werden dabei etwas erhöht.

Wasser auf dem Mond?

Was wäre wohl passiert, wenn die Astronauten einen offenen Topf mit Wasser auf den Mond gestellt hätten? Auf dem Mond gibt es keine Lufthülle, keine Atmosphäre. Der Bereich über der Mondoberfläche ist völlig leer, dort ist ein Vakuum.

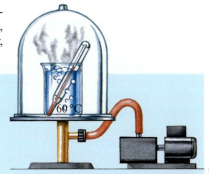

EXPERIMENT 6
Ein Becherglas mit Wasser von 60 °C wird unter eine Glasglocke gestellt. Mit einer Pumpe wird Luft aus der Glocke herausgesaugt.

Das Wasser beginnt nach kurzer Zeit zu sieden, obwohl seine Temperatur nur 60 °C beträgt. Im Vakuum würde das Wasser sogar schon bei Raumtemperatur sieden. Auch das Wasser auf dem Mond würde schnell verdampfen. Wenn man den Luftdruck über einer Flüssigkeit vergrößert, fängt sie dagegen erst bei einer höheren Temperatur an zu sieden.

> Je größer der Druck auf die Oberfläche einer Flüssigkeit ist, desto höher ist die Siedetemperatur dieser Flüssigkeit.

In jedem Schnellkochtopf wird dieses physikalische Gesetz genutzt: In fest verschlossenen und druckfesten Töpfen steigt die Siedetemperatur auf etwa 120 °C. Bei dieser Temperatur garen die meisten Lebensmittel sehr viel schneller als bei 100 °C. Durch die verkürzte Garzeit kann der Energiebedarf vermindert werden.

Im Dampfdrucktopf kann mit über 100 °C gekocht werden.

Schmelzen und Lösen fester Körper

Wird ein fester Körper erwärmt, so geraten seine Teilchen in immer heftigere Schwingungen. Bei höheren Temperaturen gibt es dann an der Oberfläche des Körpers Teilchen, die sich aus dem Verband der Nachbarn lösen und eine Flüssigkeit bilden. Dabei werden „feste Bindungen" zwischen den Teilchen aufgebrochen. Hierzu ist Wärme erforderlich – nämlich die Schmelzwärme.
Hat ein Körper seine Schmelztemperatur erreicht, so bewirkt eine Wärmezufuhr lediglich das Aufbrechen der Bindungen. Die thermische Energie der Teilchen nimmt dabei nicht zu, aber die Teilchen werden leichter gegeneinander verschiebbar.

Kältemischungen. Wird Salz in Wasser gelöst, so sinkt die Temperatur ab. Zum Aufbrechen der Bindungen im Salzkristall ist Energie erforderlich. Sie wird dem Wasser entzogen. Bringt man Salz und Eis zusammen, so entsteht eine breiige Flüssigkeit. Die Energie für das Lösen der Salzkristalle wird dem Gemisch entzogen. Obwohl die Temperatur sinkt, bleibt die Mischung flüssig, denn die Schmelztemperatur einer Salzlösung liegt deutlich unter 0 °C.
Auf manchen vereisten Straßen wird im Winter Salz gestreut. Die zum Schmelzen erforderliche Energie wird der Luft und dem Untergrund entzogen. Die Salzlösung kann von der Straße abfließen.

Schon gewusst?

Nur wenn eine Rakete schnell genug ist, kann sie die Erde gegen die Schwerkraft verlassen. Die Moleküle der Luft sind aufgrund ihrer thermischen Bewegung sehr schnell. Ihre Geschwindigkeit reicht jedoch nicht zum Verlassen der Erde.
Die Schwerkraft auf dem Mond beträgt nur 1/6 der Schwerkraft der Erde. Dort reicht die thermische Geschwindigkeit von Gasmolekülen, um den Mond zu verlassen. Darum hat der Mond keine Lufthülle.

Wolken und Niederschlag

Jeder Segelflieger sucht Gebiete, in denen die Luft nach oben steigt. Denn nur in aufwärts gerichteten Luftströmungen kann er mit seinem Segelflugzeug aufsteigen. Solche Strömungen findet er unter den großen Schönwetterwolken (Bild 1). Sie entstehen über Feldern und Bergrücken, die sich im Sonnenlicht besonders stark erwärmt haben. Dort steigt die warme Luft auf. Sie gelangt so in große Höhen und kühlt sich dabei ab. Die relative Luftfeuchtigkeit steigt an und überschreitet in bestimmter Höhe den Wert von 100%. Der Wasserdampf ist jetzt übersättigt, es bilden sich Tröpfchen, die wir als weiße Wolke sehen.

Die Tröpfchen müssten eigentlich nach unten fallen. Aber bei der Kondensation des Dampfes zu Tropfen wird die Kondensationswärme frei (siehe S. 49). Die Temperatur der Luft steigt deshalb weiter an, und ein kräftiger Luftstrom nach oben reißt die Tröpfchen mit. Es entstehen Turbulenzen und Wirbel, die die typische Wolkenform erzeugen: Die „still dahinsegelnde" Wolke ist in ihrem Inneren sehr unruhig.

Besonders leicht wachsen die kleinen Tröpfchen zu Tropfen an, wenn die Wolke in höhere, kältere Schichten aufsteigen muss, z. B. weil ein Berg „im Wege" steht. In großen, hohen Wolken vereinigen sich die Tröpfchen zu immer größeren Tropfen; sie können nicht mehr vom Luftstrom getragen werden, sondern fallen nach unten. Meistens verdunsten solche Tropfen jedoch, bevor sie den Boden erreichen.

1 Segelflugzeug im Auftrieb unter einer Schönwetterwolke

Höhe in km — Stratosphäre — Temperatur

12 — –56 °C

10 — Schäfchenwolken — Federwolken

8 — –35 °C

6 — Regenwolken

4

* Eis

⊛ unterkühltes Wasser

2 — 0 °C

◊ Wasser — Haufenwolken — Gewitterwolken

0 — 15 °C

2

Übrigens

Wolken, die aus Regentröpfchen bestehen, haben zumeist scharfe Ränder und sehen kompakt aus. Wolken, die aus Eiskristallen bestehen, sind in der Regel weiß und an den Rändern „ausgefranst".

Dicke Regentropfen entstehen auf andere Weise:
– In den oberen Schichten einer hohen Wolke bilden sich Eiskristalle.
– Größere Eiskristalle fallen herab und gelangen in eine Schicht, in der *unterkühlte Wassertröpfchen* vorhanden sind. Sie haben eine Temperatur von unter 0 °C. Sie sind nicht gefroren, weil nicht genügend Kristallisationskeime vorhanden sind.
– Beim Herabfallen lagern sich immer mehr dieser Wassertröpfchen an die Eiskristalle an. Sie gefrieren sofort, die Eiskristalle wachsen.
– Bevor sie zur Erde fallen, tauen sie auf dem langen Weg meist wieder auf und werden zu Regen.

Manchmal jedoch entstehen so große Wirbel in der Wolke, dass diese Eiskügelchen sogar im Sommer bis zur Erde fallen: Es hagelt.

Im Winter entstehen in den Wolken statt kleiner Tröpfchen feine, verzweigte, sternförmige Eiskristalle (Bild 3), die als Schnee zur Erde fallen.

3 Eiskristall einer Schneeflocke

AUFGABEN

1. Um im Winter einen Keller frostfrei zu halten, kann man ein paar Eimer Wasser hineinstellen. Wie funktioniert diese Methode?

2. Fülle nur ganz wenig Wasser in eine leere Getränkedose und bringe es zum Sieden. Stecke anschließend die Dose mit der Öffnung nach unten in Wasser (verwende dazu eine Grillzange). Erkläre deine Beobachtung!

3. Erhitze langsam Öl in einer Pfanne. Nimm die Pfanne von Zeit zu Zeit vom Herd und neige sie ein wenig. Welche Eigenschaft des Öls verändert sich beim Erhitzen? Erkläre deine Beobachtung!

4. a) Beschreibe, wie man in einem Experiment erkennen kann, dass zum Schmelzen eines Stoffes Wärme erforderlich ist!
   b) Erkläre mithilfe des Teilchenmodells, dass zum Schmelzen eines Stoffes Wärme erforderlich ist!

5. Ein Eiswürfel ($m = 20$ g) wird in ein Getränk gegeben. Seine Anfangstemperatur betrug –10 °C. Nach dem Schmelzen beträgt die Mischungstemperatur +10 °C. Wie viel thermische Energie hat der Eiswürfel dem Getränk entzogen? Die spezifische Wärmekapazität von Eis beträgt 2,1 J/(g · K).

6. Nenne je ein Beispiel, wo ausgenutzt wird, dass beim Kondensieren und beim Erstarren eines Stoffes Wärme abgegeben wird!

7. Begründe anhand des Teilchenmodells, dass die Temperatur einer Flüssigkeit beim Verdunsten niedriger wird!

8. Begründe, dass man in einem Raum, in dem Wäsche getrocknet wird, gut lüften sollte!

9. Im Winter siehst du draußen oft deinen „Atem". Warum siehst du ihn im Sommer nicht?

10. Berechne die Wärme, die erforderlich ist, um die Temperatur von 1 l Wasser von 0 °C auf 100 °C zu erhöhen!
    Wie viel Wasser lässt sich mit dieser Wärme verdunsten? Wie viel Eis lässt sich mit dieser Wärme schmelzen?

11. Auf Europas höchstem Berg, dem Montblanc (ca. 4 800 m), siedet Wasser bereits bei etwa 83 °C.
    a) Gib eine Begründung dafür!
    b) Was würde jemand erleben, der auf dem Montblanc Gemüse kochen wollte?
    Was könntest du ihm empfehlen?

12. An allen Schnellkochtöpfen gibt es ein Ventil. Beschreibe, wozu es dient!

13. Erläutere die Tabelle auf Seite 51! Lässt sich eine „Faustregel" erkennen, nach der die Dichte der Stoffe beim Schmelzen um einen bestimmten Prozentsatz abnimmt? Ändert sich auch der Teilchenabstand um diesen Prozentsatz (vgl. S. 52)?

ZUSAMMENFASSUNG

Schmelzen und Verdampfen
Zum Schmelzen eines festen Körpers und zum Verdampfen einer Flüssigkeit ist Wärme erforderlich.

Erstarren und Kondensieren
Beim Erstarren einer Flüssigkeit und beim Kondensieren eines Gases wird Wärme frei.

Verdunsten
Beim Verdunsten einer Flüssigkeit verlassen Teilchen mit hoher kinetischer Energie die Flüssigkeit. Die mittlere kinetische Energie der Teilchen in der Flüssigkeit wird dadurch kleiner, die Temperatur sinkt.

Siedetemperatur und Druck
Je größer der Druck auf die Oberfläche einer Flüssigkeit ist, desto höher ist die Siedetemperatur der Flüssigkeit.

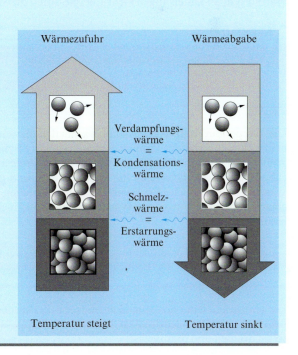

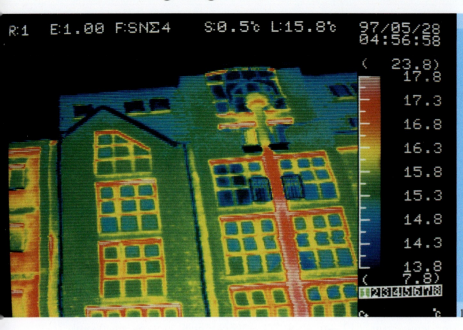

Dieses Haus wurde in den frühen Morgenstunden mit einer Spezial-kamera fotografiert. Die Farben dieses Fotos zeigen nicht die Farben des Hauses, sondern die Temperatur der Außenwände, des Daches und der Fenster. Solche Bilder heißen Thermografien.
Jede Farbe entspricht einer be-stimmten Temperatur.
Aus Thermografien kann man ablesen, wo im Winter besonders viel Wärme verloren geht.

Wärmeleitung

Vom Herbst, über die Winterzeit und bis in das Frühjahr herrscht in einem gut geheizten Wohnzimmer immer etwa die gleiche Temperatur. Obwohl das Thermometer stets 20 °C anzeigt, ist die Heizkostenrechnung jedoch nach einem besonders kalten Winter viel höher als nach einem milden Winter. An kalten Tagen wird mehr thermische Energie benötigt, um die Temperatur im Zimmer zu halten.
Warum geht an kalten Tagen mehr Energie durch die Wand verloren?

EXPERIMENT 1
1. Stelle ein kleines Becherglas mit Wasser von 80 °C in ein Becken mit Wasser von 20 °C. Rühre in beiden Gefäßen regelmäßig um. Miss nach 10 min erneut die Temperatur im Becherglas.
2. Wiederhole das Experiment mit Wasser von 40 °C im Becherglas!

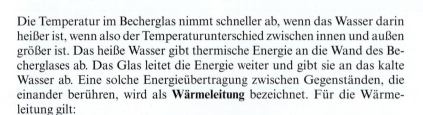

Die Temperatur im Becherglas nimmt schneller ab, wenn das Wasser darin heißer ist, wenn also der Temperaturunterschied zwischen innen und außen größer ist. Das heiße Wasser gibt thermische Energie an die Wand des Be-cherglases ab. Das Glas leitet die Energie weiter und gibt sie an das kalte Wasser ab. Eine solche Energieübertragung zwischen Gegenständen, die einander berühren, wird als **Wärmeleitung** bezeichnet. Für die Wärme-leitung gilt:

Je größer der Temperaturunterschied zwischen zwei Gegenständen ist, desto schneller wird die thermische Energie übertragen.

Die Hauswand leitet pro Stunde umso mehr thermische Energie vom war-men Wohnzimmer nach draußen, je größer der Temperaturunterschied zwi-schen drinnen und draußen ist.

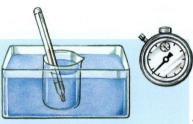

Schon gewusst?

Wenn die Temperatur in der Woh-nung nachts um nur 2 °C abgesenkt wird, kann sich der Energieverbrauch um mehr als 10 % verringern.

Mit einem einfachen Experiment lässt sich zeigen, dass nicht alle Stoffe die thermische Energie gleich gut leiten.

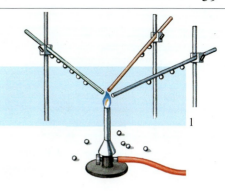
1

EXPERIMENT 2
An einem Kupferstab, einem Eisenstab und einem Glasstab sind Schrotkugeln mit Wachs befestigt. Die Stäbe werden gleichzeitig an den Enden erhitzt.

Die Schrotkugeln fallen nacheinander ab. Man kann deutlich „sehen", durch welchen Stab die Energie schneller geleitet wird.
Nicht nur feste Körper leiten die thermische Energie vom warmen zum kalten Ende, auch in Flüssigkeiten gibt es Wärmeleitung.
Das Wasser leitet die thermische Energie so langsam, dass es oben bereits siedet, während es unten noch Eis enthält (Bild 2). Noch schlechter als Wasser leitet Luft die thermische Energie. In Styropor sind viele kleine Luftbläschen eingeschlossen. Ein gekühltes Getränk bleibt in einer Flasche mit Styropormantel lange kühl.

2

Unterschiedliche Stoffe leiten die thermische Energie unterschiedlich gut: Metalle wie Silber, Kupfer und Stahl sind gute Wärmeleiter.
Wasser ist ein schlechter Wärmeleiter.
Luft, Styropor, Holz, Papier sind sehr schlechte Wärmeleiter.

Wärmeströmung

In der Weihnachtszeit kannst du in vielen Schaufenstern und vielleicht auch bei euch zu Hause eine Weihnachtspyramide bewundern. Die Krippenfiguren sind mit dem Flügelrad durch eine Achse verbunden, die unten in einer Stahlspitze endet. Solange die Kerzen brennen, dreht sich das Flügelrad und nimmt die Figuren mit. Wo steckt hier der Motor? Was treibt das Flügelrad der Pyramide an?
Über der Kerze steigt die erwärmte Luft auf. Sie trifft auf die schrägen Flügel der Weihnachtspyramide und schiebt sie zur Seite. Dadurch beginnt sich das Flügelrad zu drehen. Eine Luftströmung ist auch in einem geheizten Zimmer zu beobachten. Bastle gemäß Bild 3 eine Wärmeschlange und stelle sie auf die warme Heizung. Sie wird sich wie die Weihnachtspyramide drehen. Wo die aufsteigende Luft herkommt und wo sie bleibt, kannst du in einem weiteren Experiment untersuchen.

3

EXPERIMENT 3
1. Stelle im Beisein eines Erwachsenen ein brennendes Teelicht dicht vor der warmen Heizung auf den Boden. Beobachte die Flamme genau!
2. Hänge ein Zimmerthermometer für mindestens 15 min dicht unter die Decke, vielleicht an die Lampe. Lies die Temperatur ab!
3. Lege das Thermometer ebenso lange auf den Boden und lies ebenfalls die Temperatur ab!

4

Die Flamme neigt sich sichtbar zur Heizung: Wie ein leichter Windzug strömt die Luft am Boden zur Heizung. An der Heizung wird die Luft erwärmt und steigt nach oben. Dort strömt die warme Luft in umgekehrter Richtung wie am Boden, also von der Heizung weg. Im Zimmer gibt sie thermische Energie an Decke, Wand und Möbel ab und sinkt dabei nach unten (Bild 1, S. 60).

Am Boden angekommen, ist die Luft deutlich abgekühlt und strömt wieder zur Heizung. Eine ähnliche Strömung kannst du im Wasser erzeugen.

EXPERIMENT 4
Fülle ein großes Glasgefäß mit Wasser und heize es ganz am Rand mit einem kleinen Tauchsieder. Gib nach etwa 5 min gegenüber dem Tauchsieder einige Tropfen konzentrierte Lebensmittelfarbe ins Wasser.
Beobachte die Strömung des angefärbten Wassers!

Luft und Wasser höherer Temperatur steigen in kälterer Umgebung (Luft bzw. Wasser) auf. Sie führen dabei thermische Energie mit.

Wärmestrahlung

Ähnlich wie ein Feuer versorgt uns die Sonne mit thermischer Energie. Sie wärmt uns, obwohl sie 150 Millionen Kilometer entfernt und zwischen Sonne und Erde der leere Weltraum ist. Für diese Energieübertragung ist weder ein Kontakt noch ein Stofftransport zwischen den Gegenständen notwendig. Die thermische Energie wird durch **Wärmestrahlung** übertragen.

EXPERIMENT 5
Beleuchte einige Stücke Schokolade aus etwa 20 cm Entfernung 5 min lang mit einer Schreibtischlampe. Falte zuvor für ein Schokoladenstück einen „Sonnenschutz" und stülpe über ein zweites Stück ein kleines Trinkglas. Wickle ein drittes Stück in Aluminiumfolie, ein weiteres in dunkles Papier ein!
Welches Schokoladenstück wird am weichsten?

Durch die Wärmestrahlung der Lampe gelangt thermische Energie zur Schokolade. Die unverpackte Schokolade und auch das Stück im dunklen Papier werden weich. Die Stücke im Schatten und das Stück unter dem „Glasdach" bleiben fester. Die Aluminiumfolie schützt die Schokolade am besten vor der Wärmestrahlung. Wenn du dir ein Stück Aluminiumfolie vor das Gesicht hältst, spürst du auch Wärme. Die Wärmestrahlung, die von deinem Gesicht ausgeht, wird von der Folie *reflektiert*.

Alle Gegenstände senden Wärmestrahlung aus. Je höher die Temperatur eines Gegenstandes ist, desto mehr thermische Energie gibt er ab.

Sonne und Temperatur auf der Erde

Seit Millionen von Jahren beleuchtet die Sonne unsere Erde. Stets wird eine Hälfte der Erde von der Sonne beschienen, dort ist es Tag. Die andere Hälfte liegt im Dunkeln, dort ist es Nacht. Das Sonnenlicht liefert die für das Leben auf der Erde notwendige Wärme. Aber obwohl das Licht fast alle Teile der Erde erreicht, ist es an den Polen so kalt, dass dort ewiges Eis herrscht. Am Äquator ist es dagegen fast unerträglich heiß.

EXPERIMENT 6
Stell ein Schokoladenei in einen Eierbecher und beleuchte es aus ca. 20 cm Entfernung mit einer Schreibtischlampe! Du kannst das Ei auch in das Licht der Sonne stellen.
Welche Stellen des Eies werden zuerst weich?

1

Obwohl das ganze Ei beleuchtet wird, wird zuerst die Stelle weich, die direkt zur Lampe hin gerichtet ist. Noch deutlicher wird dies bei dem sonnenbeschienen Ei: Die Stelle, auf die die Sonne senkrecht scheint, wird zuerst weich, dorthin gelangt je Sekunde die meiste Energie.

Ein ähnliches Experiment lässt sich mit einer Solarzelle bzw. mit einem Solarmodul durchführen:

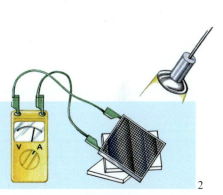

EXPERIMENT 7
Eine Solarzelle wird mit einem Strommeser verbunden und so ins Licht der Sonne oder einer Lampe gebracht, dass sie senkrecht beschienen wird.
Anschließend wird die Stromstärke bei verschiedenen Neigungen der Solarzelle abgelesen.

2

Obwohl stets die ganze Solarzelle von der Lampe bzw. Sonne beleuchtet wird, liefert sie nicht immer den gleichen elektrischen Strom: Je flacher die Solarzelle beleuchtet wird, desto geringer ist die Stromstärke, desto geringer ist also die elektrische Energie, die sie liefert. Da die elektrische Energie durch Umwandlung aus der Energie des Lichtes entsteht, folgt:

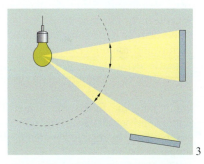

Je flacher Licht bzw. Wärmestrahlung auf eine Fläche trifft, desto weniger Energie wird pro Zeit auf die Fläche übertragen. Fällt die Strahlung senkrecht ein, erhält die Fläche die meiste Energie pro Zeit.

3

Bild 3 macht dies deutlich: Die Lampe leuchtet in alle Richtungen gleich, aber der Anteil der Strahlung, der die schräg gestellte Fläche trifft, ist kleiner als der Anteil bei senkrecht gestellter Fläche.
Genau wie dem Schokoladenei geht es der Erde. Die Stellen, der Erde, die senkrecht von der Sonne beschienen werden, erhalten durch Licht bzw. Wärmestrahlung mehr Energie als geneigte Flächen. In der Nähe der Pole trifft die Strahlung in flachem Winkel auf die Erde, dort bleibt es also kühler als am Äquator. Im Winter steht die Erdachse so, dass in unserer Region das Sonnenlicht ziemlich flach auf die Erde trifft. Im Sommer trifft es steiler auf, sodass es wärmer wird.
Ebenso wird bei uns ein Stück Land von der steil stehenden Mittagssonne mehr erwärmt als von der flach stehenden Morgensonne. Und ein Weinberg wird von der Sonne mehr erwärmt als ein Stück Land in der Ebene.

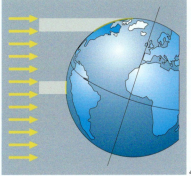

Die Erde im Licht der Sonne

4

Projekt

Wenn die Wärme durch die Wand geht

Ein Deich soll bei Hochwasser ein tiefer liegendes Gebiet vor Überschwemmung schützen. Auch ein Deich, der aus wasserdurchlässigem Sand besteht, bleibt dicht, wenn er nur breit genug ist. Es wird dann nur wenig Wasser durch ihn hindurchsickern. Ist der Deich jedoch schmal, dann wird durch ihn – selbst wenn er dem Wasserdruck standhalten würde – pro Sekunde viel Wasser hindurchsickern.
In ähnlicher Weise „sickert" die Wärme durch eine Wand.

AUFTRAG 1
Besorgt euch einige quaderförmige Schachteln aus Styropor. Stellt für jede Schachtel eine Trennwand ungefähr gleicher Dicke aus Blech, Holz, Kunststoff, Styropor usw. her, die die Schachtel in zwei gleiche, wasserdichte Hälften teilt!
Arbeitet in Gruppen:
Fügt eine Trennwand in die Schachtel ein und füllt in eine Hälfte warmes Wasser von ca. 50 °C, in die andere Hälfte kaltes Wasser aus der Leitung. Verschließt die Schachtel mit einer Deckplatte aus Styropor, durch die auf jeder Seite ein Thermometer ins Wasser ragt. Messt 15-mal im Abstand von je 1 Minute die Temperatur auf beiden Seiten und fertigt ein Temperatur-Zeit-Diagramm an!
Vergleicht eure Ergebnisse!

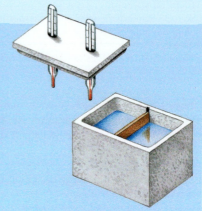

1

Die Diagramme zeigen, dass sich die Temperaturen in beiden Hälften ändern: Sie nähern sich einer gemeinsamen Endtemperatur. Wärme strömt durch die Trennwand vom wärmeren zum kälteren Wasser. Zunächst ist die Temperaturänderung pro Minute auf beiden Seiten groß, sie wird dann aber immer kleiner. Der **Wärmestrom** durch die Wand ist am Anfang groß. Wenn beide Seiten die gleiche Temperatur erreicht haben, wird keine Wärme mehr übertragen.
Außerdem ist zu beobachten, dass der Wärmestrom vom Material der Trennwand abhängt: Der Temperaturausgleich vollzieht sich bei einer Kupferplatte viel schneller als bei einer Styroporplatte. Das heißt, der Wärmestrom durch die Kupferplatte ist größer als durch Styropor.

Wenn man die unterschiedlichen Temperaturen auf beiden Seiten der Trennwand jeweils konstant hält, kann man den Wärmestrom genauer untersuchen. In entsprechenden Experimenten wurden folgende Beobachtungen gemacht:
1. Der Wärmestrom P_Q durch die Wand ist umso größer, je größer die Temperaturdifferenz ΔT der beiden Seiten ist.
2. Der Wärmestrom durch die Wand ist umso größer, je geringer die Dicke d der Wand ist.
3. Der Wärmestrom ist umso größer, je größer die Fläche A der Wand ist.
4. Der Wärmestrom hängt von dem Material ab, aus dem die Trennwand besteht.
Trennt eine Wand der Fläche A und der Dicke d zwei Körper mit der Temperaturdifferenz ΔT, so geht durch die Wand der Wärmestrom P_Q:
$$P_Q = \lambda \cdot A \cdot \Delta T \cdot \frac{1}{d} \,,$$
wobei λ die Wärmeleitfähigkeit des Materials ist. Stoffe mit einer großen Wärmeleitfähigkeit λ sind gute Wärmeleiter. Als Einheit des Wärmestromes kann man J/s bzw. W verwenden.

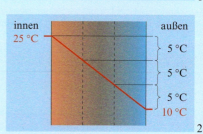

2

Temperaturprofil in einer Wand:
Denkt man sich die Wand in einzelne dünne Schichten zerlegt, so herrscht an jeder Schicht der gleiche Temperaturunterschied.

Wärmeleitfähigkeiten	
Stoff	λ in $\dfrac{\text{W}}{\text{m} \cdot \text{K}}$
Styropor	0,04
Porzellan	1,4
Glas	1,0
Eisen	80
Kupfer	400
Alkohol (Ethanol)	0,2
Wasser	0,6
Quecksilber	8,2
Luft	0,02

Messungen am Modellhaus. Mit dem elektrischen Strom und mit der Gasleitung gelangt ständig Energie in jedes Wohnhaus, in jede Wohnung. Etwa 77 % dieser Energie wird für die Raumwärme benötigt. Leider gehen davon fast 70 % durch die Wände hindurch verloren, die übrigen 30 % durch die notwendige Lüftung. Mehr als 50 % des Energieverbrauches im Haushalt geht als Wärmestrom durch die Wand. Es spart also Geld und wertvolle Rohstoffe, wenn dieser Wärmestrom verringert wird. Bild 1 zeigt, wo besonders viel Wärme nach außen strömt.

Mit einem Modellhaus könnt ihr die Wärmeleitfähigkeit verschiedener Baustoffe untersuchen.

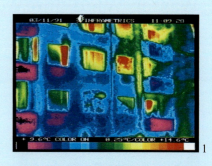
1

2

AUFTRAG 2

1. Fertigt aus Styroporplatten (Dicke ca. 2 cm) eine würfelförmige Kiste von 40 cm Kantenlänge; benutzt Spezialkleber. Deckel nicht ankleben!
2. Lasst euch im Baumarkt oder beim Glaser Deckel aus Spanplatte, Gipskarton und Glas zuschneiden. Besorgt eine passende Blechplatte als weiteren Deckel!
3. Verwendet als Heizung des Modellhauses eine kleine 25-W-Lampe. Die Zuleitung darf nur ein kleines Loch im Styropor hinterlassen!
4. Für die Messung der Innentemperatur des Modellhauses sind elektronische Thermometer besonders geeignet.

Beachtet bei den Messungen, dass alle Seiten des Modellhauses gleich frei stehen. Die warme Luft im Modellhaus sammelt sich „unter der Decke". Mit einem Propeller an einem Holzstab kann von außen die Innenluft verwirbelt werden.

AUFTRAG 3

1. Deckt das Modellhaus mit dem Styropordeckel ab!
2. Heizt so lange mit der Glühlampe, bis sich die Innentemperatur nicht mehr ändert. Lest diese ab und messt die Außentemperatur!
3. Berechnet den Wärmestrom aus dem ganzen Styroporhaus mithilfe der Formel: $P_Q = \lambda_{Styropor} \cdot A \cdot \dfrac{\Delta T}{d}$! ($A$ ist die gesamte Fläche von Wänden, Deckel und Boden.)
4. Ersetzt den Styropordeckel durch die Glasplatte und verfahrt gemäß 2. und 3.!
5. Berechnet die Wärmeleitfähigkeit λ_{Glas}. Berücksichtigt, dass 5 Seiten des Hauses aus Styropor sind: $P_Q = P_{Styroporwände} + P_{Glaswand}$!
6. Bestimmt in der gleichen Weise die Wärmeleitfähigkeiten der anderen Deckel!

Besorgt euch im Baumarkt Unterlagen zur Wärmeleitfähigkeit verschiedener Baustoffe. Dort wird meistens der so genannte k-Wert angegeben, der die Dicke d des Baumaterials bereits enthält: $k = \dfrac{\lambda}{d}$.

Vergleicht eure Messwerte mit den angegebenen k-Werten!

Übrigens

Deine Körpertemperatur beträgt etwa 37 °C. Auch an einem heißen Tag mit 27 °C muss sie konstant bleiben. Verbringst du diesen Tag in der Badeanstalt, dann trägst du – bis auf Badehose oder Badeanzug – nur ein etwa 5 mm dünnes „Luftkleid", das deine feinen Körperhaare bilden, indem sie die Luft „festhalten". Deine Körperoberfläche beträgt etwa 1,5 m². Mit diesen Werten ergibt sich der Wärmestrom, der deinen Körper dauernd verlässt, zu etwa 136 W. Wenn du im Winter bei 0 °C Kleidung von etwa 2 cm Dicke trägst, verlässt deinen Körper etwa der gleiche Wärmestrom wie in der Badeanstalt im Sommer!

Wasser, Wind und Wetter

Alle Nachrichtensendungen enden mit dem Wetterbericht. Vielleicht heißt es auch heute: „Ein Tief über England bringt warme Luft und Regen." In bewegten Satellitenbildern sieht man Wolken über Europa hinweg ziehen. Landwirte und Gärtner freuen sich über den Regen. Die Urlauber an der Ostsee wünschen sich eher Sonnenschein. Ein „Hoch über Skandinavien" würde ihnen sonniges und trockenes Wetter bringen.

Manchmal aber wird über das Wetter direkt in den Nachrichten berichtet: Sintflutartige Regenfälle führen zu Überschwemmungen oder wochenlange Hitzeperioden vernichten die Ernte und lösen eine Hungerkatastrophe aus. Überschwemmungen in Südamerika und trockene Hitze in Australien hängen in manchen Jahren miteinander zusammen. Dann ist „El Niño" am Werk: Der Wärmetransport im und über dem Pazifik ist gestört.

Die Sonne macht das Wetter

Die Sonne ermöglicht nicht nur das Leben auf der Erde, sie bedroht es manchmal auch. Sie macht das **Wetter**, so nennt man die täglichen atmosphärischen Erscheinungen in einer Region, also etwa in Sachsen-Anhalt. Die Sonne ist aber auch für das **Klima**, den Zusammenhang der Wettererscheinungen auf der ganzen Erde, verantwortlich.

Das Wetter, das wir täglich beobachten, spielt sich nur in der relativ dünnen Schicht der Atmosphäre ab, der Troposphäre. Sie hat eine Dicke von etwa 10 km. Oberhalb der Troposphäre befindet sich die Stratosphäre mit der Ozonschicht (Bild 5). In der Troposphäre nimmt die Temperatur nach oben hin ab (etwa 7°C pro Kilometer), in der Ozonschicht dagegen nimmt sie zu. Der Grund dafür ist, dass in der Ozonschicht ein Teil der Sonnenstrahlung absorbiert wird und thermische Energie entsteht.

Die von den oberen Schichten „gefilterte" Sonnenstrahlung kann aber die Luft der Troposphäre nahezu ungehindert durchdringen.

Scheint die Sonne einige Zeit über einem Landstrich, so erwärmt sich nicht nur die Erde sondern auch die Luft darüber. Denn die Luft nimmt Wärme von der Erde auf. Die erwärmte Luft steigt wie ein Heißluftballon in die Höhe. Ein gleichmäßiger Luftstrom kann dabei entstehen, in dem Bussarde stundenlang kreisen können und den Segelflieger nutzen, um Höhe zu gewinnen.

Wenn Luft nach oben steigt, muss am Boden neue Luft nachströmen, denn ein „Luftloch" kann nicht entstehen. Aus allen Richtungen weht am Boden Wind zum Fuß der aufsteigenden Luft.

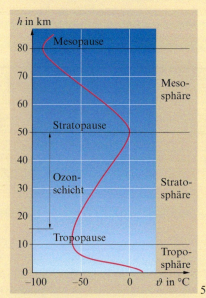

Temperaturverlauf in der Atmosphäre: Die Stratosphäre wird von oben geheizt, die Troposphäre von unten.

Wie entsteht unser Wetter?

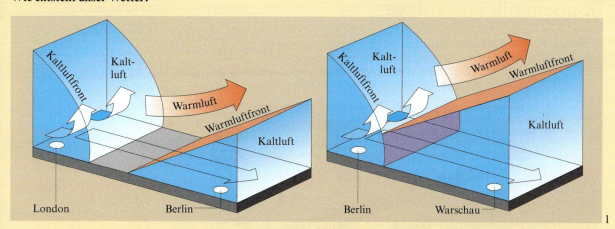

Auf der Nordhalbkugel der Erde weht in unseren Breiten meist der Wind von West nach Ost, also vom Atlantik über Nordeuropa nach Asien, weiter über Nordamerika zum Atlantik. In dieser Westwindzone strömt der Wind nicht einfach geradeaus: Landmassen, Gebirge und hohe Meereswellen stören die Strömung der Luft. Es entstehen Wellen und Wirbel.

Was ist ein Tief? In einem Luftwirbel, der sich entgegen dem Uhrzeigersinn dreht, strömt (auf der Nordhalbkugel) die Luft hinein; in seinem Zentrum herrscht niedriger Luftdruck (**Tief *T***). Die Luft kann nicht im Zentrum bleiben. Sie steigt auf, kühlt dabei ab – der Wasserdampf in der Luft kondensiert und bildet Wolken. Weil der Wind zur Mitte des Tiefs weht, treibt er oft unterschiedlich warme Luftmassen zusammen (Bild 1). Wenn die Kaltluftfront die Warmluft auf der Warmluftfront in die Höhe schiebt, entstehen Wolken, die Dauerregen bringen. Wenn sich einige Stunden oder Tage später die Kaltluft unter die Warmluftfront schiebt, gibt es heftige Winde und kräftige Schauer. Wie im Bach ein Wirbel mit dem Wasser „schwimmt", so wandert der Tiefdruckwirbel Richtung Ost: Das Tief zieht über uns hinweg.

Was ist ein Hoch? Bei einem Luftwirbel, der sich im Uhrzeigersinn dreht, strömt (auf der Nordhalbkugel) die Luft heraus; in seinem Zentrum herrscht hoher Luftdruck (**Hoch *H***). Weil in seinem Zentrum kein Loch entstehen kann, strömt Luft aus der Höhe herab, erwärmt sich dabei und Wolken lösen sich auf, die Sonne kann scheinen.
Im Sommer verspricht ein stabiles Hoch über Skandinavien wolkenlosen Himmel und warme Winde von Osten.
Im Winter wehen die Winde dann auch von Ost; dort ist es aber eiskalt. Das Winterhoch bringt zwar Sonne doch zugleich klirrenden Frost.

Oft bekommt ein Tief ein Hoch „zu packen": Am Boden strömt dann die Luft vom Hoch ins Tief und in der Höhe fließt sie vom Tief zum Hoch zurück. Daraus kann für längere Zeit ein stabile Strömung entstehen, ja diese Strömung kann das Tief und das Hoch sogar verstärken, also sich selber antreiben.
Wenn wir einen schönen Sommer haben, liegt das oft an einem Hoch über Skandinavien, das mit einem Tief über Island „zusammenarbeitet."

AUFGABEN

1. Beschreibe den Unterschied zwischen einem Hoch- und einem Tiefdruckgebiet!
2. Warum schiebt sich eine Kaltluftfront meist unter die Warmluftfront? Warum regnet es dann?
3. Welchen Weg hat das Tief in Bild 2 auf Seite 64 vermutlich genommen?
4. Informiere dich in Nachschlagewerken über verschiedene Wolkenarten. Beschreibe die Wolken und gib an, welches Wetter sie ankündigen!
5. Beschreibe, wie sich die Temperatur in der Atmosphäre mit der Höhe ändert! Warum ist es am Boden und in der Ozonschicht besonders warm?

6. Im Gebiet nördlich der Alpen gibt es häufig Föhn. Beschreibe, wie er entsteht (Bild 2)!

Sonnenkollektoranlagen

Durch die Sonnenstrahlung trifft in unseren Breiten pro Jahr eine Energie von etwa 1000 kW · h auf einen Quadratmeter der Erdoberfläche. Zu den technisch einfachsten Möglichkeiten, einen Teil dieser Energie nutzbar zu machen, gehören Sonnenkollektoren.

Das Wasser dieses Schwimmbeckens wird durch schwarze Schläuche gepumpt, die als Sonnenkollektoren auf großer Fläche ausgelegt wurden.   1

Bild 2 zeigt das Prinzip eines Flachkollektors, wie er häufig auf Hausdächern eingesetzt wird. Eine Flüssigkeit (z. B. Wasser) strömt durch ein Rohrsystem und wird dabei direkt von der Sonnenstrahlung erwärmt.

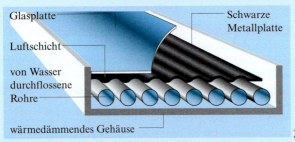

Glasplatte

Luftschicht

von Wasser durchflossene Rohre

wärmedämmendes Gehäuse

Schwarze Metallplatte

Schnitt durch einen Flachkollektor   2

Sonnen-kollektor

Heizkörper   Vorratsbehälter   3

Heizung mit einer Sonnenkollektoranlage

Wichtig ist bei einem solchen Kollektor nicht nur, dass die Strahlung gut absorbiert wird. Es muss auch dafür gesorgt werden, dass die Wärme den Kollektor nicht durch Wärmeleitung oder Wärmestrahlung wieder verlässt. Dazu wird der Kollektor mit wärmedämmendem Material isoliert; außerdem werden die Glasplatten, durch die das Licht eindringt, auf der Innenseite mit einer Schicht versehen, die die Wärmestrahlung nach innen reflektiert. Solche Sonnenkollektoren wirken nicht nur bei direktem Sonnenschein, sondern auch bei bewölktem Himmel wird die Flüssigkeit in ihnen schon erheblich erwärmt.

Sonnenkollektoren werden sowohl für die Raumheizung als auch für die Bereitstellung von warmem Wasser eingesetzt, das aus dem Wasserhahn fließt (Brauchwasser). In dem Vorratsbehälter (Bild 3) befindet sich ein so genannter Wärmetauscher: Hier wird die Wärme der Kollektorflüssigkeit an das Heizungs- bzw. Brauchwasser abgegeben.

Übrigens

Für die Heizung eines Hauses im Winter reicht eine Sonnenkollektoranlage allein oft nicht aus. Dann wird das Vorratsgefäß zusätzlich mit Öl oder Gas geheizt. In besonderen Niedrigenergiehäusern wird aber im Sommer sehr viel Energie in einem großen, gut isolierten Wassertank (z. B. 100 000 l) gespeichert.
Im Winter kann diese Energie dann für die Heizung eingesetzt werden.

AUFGABEN

1. Warum wird bei Sonnenschein ein Wohnraum durch ein schräges Dachflächenfenster mehr erwärmt als ein gleich großer Raum mit einem gleich großen senkrechten Fenster?
2. Warum ist die mittlere Jahrestemperatur in Norwegen geringer als in Italien?
3. Wie sollten Sonnenkollektoren – große flache Kästen, in denen Wasser durch Sonnenlicht erwärmt wird – ausgerichtet werden?
4. Besorge dir eine Tafel Schokolade und entferne nur das Papier. Schneide mit einem spitzen Messer ein Fenster in der Größe eines Stückes in das Silberpapier. Lege die Tafel flach auf den Tisch und beleuchte das „Fenster" aus 15 cm Entfernung 5 Minuten mit deiner Schreibtischlampe. Teste mit der Fingerspitze, wie weich die Schokolade wurde! Schneide ein zweites Fenster in das Silberpapier und beleuchte das Fenster nun schräg von der Seite wieder aus 15 cm Entfernung. Teste wieder nach 5 Minuten die Weichheit!
5. Auf der Packung einer Fertigpizza steht: „15 min im Backofen bei 225 °C oder 10 min im Umluftherd bei 225 °C backen." Erkläre diesen Unterschied!
6. Was würde passieren, wenn der Heizkörper in einem Zimmer statt unter der Fensterbank an der Zimmerdecke angebracht wäre?
7. Worin besteht der Unterschied zwischen zwei gleich warmen Räumen, wenn der eine von einem kleinen heißen Ofen, der andere von einem großen nur mäßig warmen Heizkörper erwärmt wird?
8. Untersuche vorsichtig eine brennende Kerze. Beschreibe, wie und an welchen Stellen du Wärmemitführung, Wärmeleitung und Wärmestrahlung beobachten kannst!
9. In der Sauna herrschen manchmal Temperaturen von über 100 °C.
    a) Warum kann dies der Mensch aushalten?
    b) Warum kann man dort Holz berühren, während man sich an Metall verbrennt?
10. Wickle eine Hand in Haushalts-Aluminiumfolie und lass die andere frei. Spürst du den Unterschied? Beschreibe möglichst genau!
11. Warum sollen Unfallopfer in verspiegelte Rettungsfolie gewickelt werden?
12. Oft hört man „Wärme steigt immer nach oben." Nenne Beispiele, wo das nicht zutrifft!
13. Berühre verschiedene Gegenstände in der Küche, zum Beispiel die Spüle, ein Trinkglas, die Gardine und einen Holzstuhl. Lege eine Tabelle an und ordne die Gegenstände nach dem „Wärmeeindruck" bei Berührung!

ZUSAMMENFASSUNG

Wärmeleitung
Energieübertragung zwischen Gegenständen, die einander berühren.

Wärmemitführung
Energieübertragung durch Transport erwärmter Flüssigkeiten oder Gase.

Wärmestrahlung
Energieübertragung ohne Berührung und ohne Stofftransport.

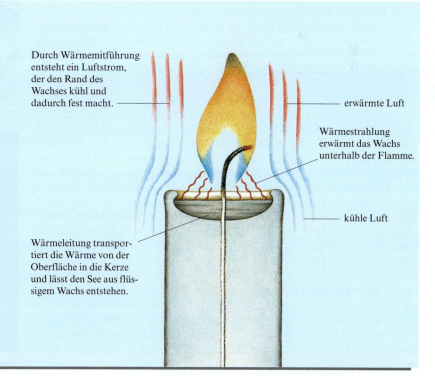

Durch Wärmemitführung entsteht ein Luftstrom, der den Rand des Wachses kühl und dadurch fest macht.

erwärmte Luft

Wärmestrahlung erwärmt das Wachs unterhalb der Flamme.

kühle Luft

Wärmeleitung transportiert die Wärme von der Oberfläche in die Kerze und lässt den See aus flüssigem Wachs entstehen.

Diese Tasse hat einen besonderen Deckel: Wenn heißer Tee in der Tasse ist, dreht sich das Rad. Der Tee wird mit der Zeit kühler und das Rad dreht sich immer langsamer. In der flachen Kammer befindet sich Luft, die von einem Kolben hin und her geschoben wird, mal nach unten zur heißen Unterseite, dann nach oben zur kühlen Oberseite. Thermische Energie geht durch diese Kammer hindurch und treibt damit das Rad an.

Der Deckel ist also ein Motor, der „aus Wärme Bewegung" macht, eine Wärmekraftmaschine.

Zustandsgleichung für Gase

Die Wärmekraftmaschine auf der Teetasse sieht nicht nur einfach aus, sie funktioniert auch nach einem ganz einfachen Prinzip: Wenn einer abgeschlossenen Gasmenge Wärme zugeführt wird, erhöht sich die thermische Energie des Gases. Die Teilchen bewegen sich schneller, sie stoßen häufiger und stärker gegeneinander, sie prallen heftiger gegen die Gefäßwände. Der Druck in dem abgeschlossenen Gefäß nimmt also auch zu.

Eine solche Druckzunahme lässt sich nutzen, um beispielsweise einen verbeulten Tischtennisball in heißem Wasser wieder auszubeulen (Bild 2): Die Temperatur der Luft im Ball steigt, dadurch nimmt der Druck im Ball zu. Wenn der Druck hinreichend groß ist, knackt es, und der Ball wird wieder rund.

Ausbeulen eines Tischtennisballs

Die Temperatur einer Gasmenge kann man auch auf andere Weise ändern: Beim Aufpumpen eines Fahrradschlauches hast du sicher schon einmal bemerkt, dass die Luftpumpe warm, manchmal sogar heiß wird. Diese Erwärmung ist keine Folge der Reibung des kleinen Kolbens an der Rohrwand der Pumpe. Allein durch das Zusammenpressen wird die eingesperrte Luft in der Pumpe erwärmt.

In einem pneumatischen Feuerzeug (Druckluftfeuerzeug) lässt sich durch ruckhaftes Zusammenpressen eines Gemisches aus Luft und Alkohol sogar eine Entzündung bewirken (Bild 3). Dazu wird der Kolben kräftig nach unten geschlagen. Dabei steigt die Temperatur so sehr an, dass sich das Gasgemisch entzündet.

Druck, Volumen und Temperatur einer eingeschlossenen Gasmenge hängen eng miteinander zusammen und werden als **Zustandsgrößen** bezeichnet.

Weil es schwierig ist, die Veränderung von drei Zustandsgrößen gleichzeitig zu messen, soll in den folgenden Experimenten jeweils eine der Zustandsgrößen unverändert bleiben und der Zusammenhang der beiden anderen untersucht werden.

Pneumatischer Feuerzeug

Der Druck bleibt konstant. Wenn sich eine Gasmenge in einem Gefäß frei ausdehnen kann, dann wird der Druck im Inneren der Gleiche sein wie im Außenraum.

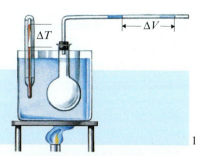

> **EXPERIMENT 1**
> Die Luft in einem Kolben wird durch einen Wassertropfen eingeschlossen. Der Kolben befindet sich in einem Wasserbad, dessen Temperatur allmählich erhöht wird. Die Messwerte für T und V werden in eine Tabelle eingetragen.

Werden die absolute Temperatur und das Volumen in ein Diagramm eingetragen, so stellt man fest: Alle Messwerte liegen ungefähr auf einer Geraden. Bei einer genauen Messung könnte man die Gerade nach tieferen Temperaturen verlängern. Die Gerade verläuft dann durch den Koordinatenursprung. Das muss auch so sein, denn auf diese Weise wurde ja der Nullpunkt der Kelvinskala festgelegt (siehe Seite 39).

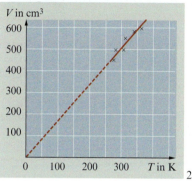

> Wenn der Druck konstant bleibt, gilt für eine eingeschlossene Gasmenge: Das Volumen V und die Temperatur T sind einander proportional,
>
> $V \sim T$ bzw. $\dfrac{V_1}{V_2} = \dfrac{T_1}{T_2}$.

Wird im Experiment 1 statt Luft ein anderes Gas im Glaskolben eingeschlossen, verhält sich dieses genauso wie Luft. Für alle Gase ergibt sich die gleiche Gerade: Bei der Temperaturerhöhung um 1 K nimmt das Volumen eines Gases um $V_0/273$ zu. Dabei ist V_0 das Volumen des Gases bei 0 °C.

> Alle Gase haben denselben Volumenausdehnungskoeffizienten:
>
> $\gamma = \dfrac{1}{273\ \text{K}}$.
>
> Bei der Temperaturänderung ΔT ändert sich das Gasvolumen V_0 um $\Delta V = V_0 \cdot \gamma \cdot \Delta T$, sofern der Druck konstant bleibt. V_0 ist das Volumen des Gases bei 0 °C.

Das Volumen bleibt konstant. Wird ein mit Luft oder einem anderen Gas gefüllter Behälter erwärmt, steigt der Druck im Inneren an. Im folgenden Experiment wird das Volumen des Gases nicht verändert.

> **EXPERIMENT 2**
> Ein luftgefüllter Kolben befindet sich in einem Wasserbad, dessen Temperatur allmählich erhöht wird. Der Luftdruck im Inneren wird mit einem Manometer gemessen. Die Messwerte für T und p werden in eine Tabelle eingetragen.

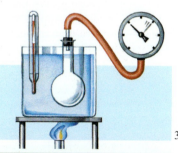

Die Auswertung des Experimentes zeigt, dass der Druck linear ansteigt, wenn die Temperatur des Gases erhöht wird (Bild 4). Auch hier würde eine Verlängerung der Geraden durch den Koordinatenursprung verlaufen.

> Wenn das Volumen konstant bleibt, gilt für eine eingeschlossene Gasmenge: Der Druck p und die Temperatur T sind einander proportional,
>
> $p \sim T$ bzw. $\dfrac{p_1}{p_2} = \dfrac{T_1}{T_2}$.

Übrigens

Wie bei festen Körpern und Flüssigkeiten hängt auch bei Gasen die Volumenänderung ΔV vom Ausgangsvolumen V_0 ab. Die Gerade in Bild 2 gibt das Volumen an, das eine bestimmte Gasmenge bei verschiedenen Temperaturen einnimmt. Das Volumen einer größeren Gasmenge würde (bei gleichem Druck) durch eine steilere Gerade beschrieben.

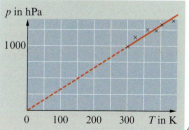

Die Temperatur bleibt konstant. Wenn du sehr langsam den Kolben in die Luftpumpe drückst, wird sich die Pumpe kaum erwärmen. Auch das pneumatische Feuerzeug funktioniert nur bei sehr schnellem Zusammendrücken des Gases. Bei langsamem Zusammendrücken bleibt die Temperatur konstant, Druck und Volumen sind umgekehrt proportional zueinander.

> Wenn die Temperatur konstant bleibt, gilt für ein abgeschlossenes Gas:
> Der Druck p und das Volumen V sind umgekehrt proportional zueinander,
> $$p \sim \frac{1}{V} \quad \text{bzw.} \quad p_1 \cdot V_1 = p_2 \cdot V_2.$$

Der Zusammenhang der drei Zustandsgrößen. Beim Pumpen mit der Fahrradpumpe bewirkt die Druckerhöhung nicht nur eine Volumenverringerung sondern zugleich eine Temperaturerhöhung (Bild 1).
Zu Beginn hat die Luft in der Pumpe
das Volumen V_1, die Temperatur T_1 und den Druck p_1.
Nach dem Einschieben des Kolbens hat die Luft
das Volumen V_2, die Temperatur T_2 und den Druck p_2.
Alle drei Zustandsgrößen haben sich verändert.
Die drei Zustandsgrößen lassen sich in der **Zustandsgleichung für Gase** zusammenfassen, die die experimentell gefundenen Proportionalitäten wiedergibt:

> Zustandsgleichung für Gase:
> $$p_1 \cdot \frac{V_1}{T_1} = p_2 \cdot \frac{V_2}{T_2} \quad \text{bzw. allgemein:} \quad p \cdot \frac{V}{T} = \text{konstant.}$$

Das p-V-Diagramm. Wird eine bestimmte Menge Luft in einen Zylinder eingeschlossen, der mit einem Druckmesser verbunden ist, kann das Volumen mithilfe einer Wassersäule Kolben verändert werden (Bild 2). Das aufsteigende Wasser verkleinert das Volumen der eingeschlossenen Luft. Der Druck und das Volumen der Luft können gemessen und in eine Grafik eingetragen werden.
Eine solche Messung kann nur bei Zimmertemperatur durchgeführt werden. Mit speziellen Apparaturen lassen sich aber auch Messungen bei anderen Temperaturen machen. Es ergeben sich dann im p-V-Diagramm Kurven wie in Bild 3.

Hier ändern sich Druck, Volumen und Temperatur zugleich.

Übrigens

Streng genommen gilt die Zustandsgleichung nur für so genannte *ideale Gase:*
1. Das Volumen der Teilchen ist klein im Vergleich zu ihren Abständen voneinander.
2. Zwischen den Teilchen gibt es keine Wechselwirkungen, außer im Augenblick des Zusammenstoßes.
3. Die Stöße zwischen den Teilchen und der Gefäßwand sind elastisch (wie bei Billardkugeln).
Luft bei Raumtemperatur und Atmosphärendruck ist ein nahezu ideales Gas.

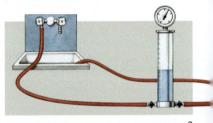

Der Zustand eines Gases im p-V-Diagramm: Wird auf der vertikalen Achse der Druck p und auf der horizontalen Achse das Volumen V aufgetragen, so ergibt sich für die Zustandsänderung einer Gasmenge bei konstanter Temperatur eine Kurve. Für diese gilt an jeder Stelle: Das Produkt aus p und V ist konstant, die gekennzeichneten Flächen sind also gleich groß.
Für jede Temperatur der Gasmenge ergibt sich eine eigene Kurve.

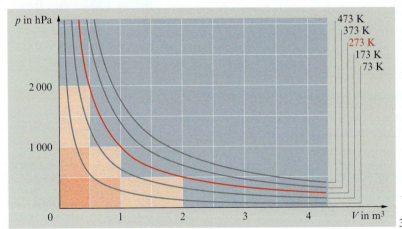

Aus thermischer Energie wird Bewegung

Wenn sich eine abgeschlossene Gasmenge bei Temperaturerhöhung ausdehnt, kann sie beispielsweise einen Kolben verschieben. Dieses Prinzip wird in den meisten Motoren angewandt.

Das folgende Experiment zeigt das Prinzip *in Zeitlupe:*

1

EXPERIMENT 3

Mit einer großen Glasspritze, die einen leicht verschiebbaren Kolben hat, kannst du einen „Fahrstuhl" bauen. Halte das untere Stück der Spritze zunächst in ein Becherglas mit kaltem Wasser und danach in heißes Wasser. Warte, bis der Kolben nicht mehr steigt. Halte anschließend die Spritze erneut ins kalte Wasser.
a) Probiere aus, wie viel Luft in der Spritze sein muss, damit eine möglichst große Volumenänderung zu beobachten ist!
b) Beobachte die Bewegung des Kolbens. Wie weit wird er nach oben geschoben?
c) Lege ein größeres Wägestück auf den Kolben und beobachte nun die Hebung!

Wird die Temperatur der Luft im Zylinder erhöht, nimmt ihr Volumen zu und der Kolben verschiebt sich. Mit einer zusätzlichen Last wird der Kolben durch die Erwärmung nicht so weit gehoben wie ohne Last. Wenn dieses Experiment oft wiederholt wird, so nimmt die Temperaturdifferenz des Wassers in den beiden Bechergläsern ab: Das heiße Wasser wird kälter, das kalte Wasser wird wärmer.

Im heißen Wasserbad gelangt thermische Energie in den Zylinder; dadurch werden Kolben und Wägestücke angehoben. Anschließend wird thermische Energie an das kältere Wasserbad abgegeben, damit der Vorgang von vorn beginnen kann. Ein Teil der thermischen Energie wird jedes mal für das Heben und für das Überwinden der Reibung benötigt.

Wirkungsgrad. Damit die thermische Energie durch den „Motor" im Experiment 3 fließen kann, ist ein Temperaturunterschied erforderlich, ganz ähnlich wie bei der Wärmeleitung (vgl. S. 58). Ein Teil dieser thermischen Energie wird im Motor in potenzielle Energie umgewandelt. Ein anderer, größerer Teil der Energie geht dabei durch den Motor hindurch (Bild 2). Der Anteil der nutzbaren Energie hängt vom Temperaturunterschied in den

Gefäßen ab. Es gilt: $E_{nutz} = \dfrac{T_{hoch} - T_{niedrig}}{T_{hoch}} \cdot E_{therm} \cdot$

Der Faktor $\dfrac{T_{hoch} - T_{niedrig}}{T_{hoch}}$ heißt thermischer Wirkungsgrad η_{th}. Er ist

stets kleiner als 1.

Auch für Automotoren ist dieser Wirkungsgrad von Bedeutung. Selbst der beste Motor kann immer nur einen Teil der thermischen Energie in mechanische Energie umwandeln. η_{th} stellt die Obergrenze des Wirkungsgrades dar.

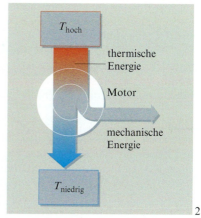

2

Energiefluss durch einen Motor

Dampfmaschinen

Dass man mit Dampf etwas in Bewegung setzten kann, wusste man schon in der Antike – aber technisch genutzt wurde diese Entdeckung damals noch nicht. Die ersten nutzbaren Wärmekraftmaschinen kamen im 18. Jahrhundert auf.

Die von JAMES WATT gebauten Maschinen führten zu einer schnellen Entwicklung der Industrie. Der Einsatz von Dampfmaschinen lohnte sich jedoch nur in großen Fabriken. In Bergwerken und Großbetrieben der Textilindustrie konnten viele Maschinen von einer einzigen Dampfmaschine angetrieben werden. Es wurde Tag und Nacht gearbeitet, die Dampfmaschine lief im Dauerbetrieb.

Bild 2 zeigt das Prinzip von einer Dampfmaschine nach JAMES WATT.

JAMES WATT (1736–1819)

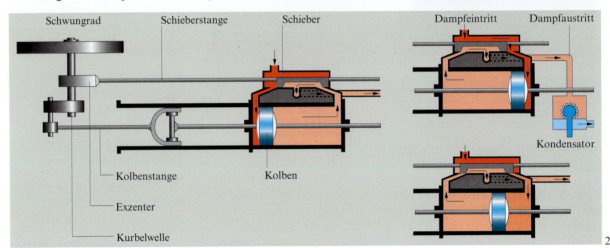

Dampfeintritt und -austritt werden durch einen Schieber gesteuert. Die Schieberbewegung ist der Kolbenbewegung entgegengerichtet. Der Kolben wird abwechselnd nach links und rechts gedrückt.

Der Schieber schließt den Einlass, wenn eine bestimmte Menge heißer Dampf in den Zylinder geströmt ist. Dieser Dampf dehnt sich aus und kühlt sich dabei ab. Seine thermische Energie nimmt ab, thermische Energie wird in mechanische Arbeit umgewandelt. Es ist aber nicht möglich, in einem solchen Prozess die gesamte thermische Energie des Dampfes in mechanische Arbeit umzuwandeln. Dazu müsste der Dampf auf eine Temperatur von 0 K abgekühlt werden.

Der Wirkungsgrad einer Dampfmaschine hängt nicht nur davon ab, wie heiß der Dampf beim Einlass ist, sondern auch davon, mit welcher Temperatur er die Maschine wieder verlässt. Daher ist es wichtig, den austretenden Dampf im Kondensator zu kühlen.

Dampfmaschinen sind heute längst anderen Motoren gewichen, es gibt sie aber noch als Modelle zu kaufen. Diese kleinen Spielzeug-Dampfmaschinen haben nur eine sehr geringe Leistung. Dennoch gelingt es mit ihnen, einen kleinen Generator zu betreiben, der eine Glühlampe zum Leuchten bringt. Dass der Wirkungsgrad eines solchen Aufbaus sehr niedrig ist, zeigt der Vergleich im Bild 3: Die Flamme auf dem Glasschälchen entspricht der Flamme unter dem Kessel der Dampfmaschine. Sie ist viel heller und viel heißer als die Glühlampe.

Spielzeug-Dampfmaschine

Otto- und Dieselmotor

Täglich begegnen dir Maschinen, die aus thermischer Energie kinetische Energie erzeugen: Jedes Auto wird von einem Motor angetrieben, in dem Benzin oder Dieselkraftstoff verbrannt wird. Diese thermische Energie bewegt die Kolben im Zylinder und schließlich dreht sie die Räder.

Ottomotor. Verglichen mit den schweren Dampfmaschinen des 19. Jahrhunderts sind die heutigen Benzinmotoren äußerst kleine und leichte Wärmekraftmaschinen mit einer großen Leistung. Nach ihrem Erfinder NIKOLAUS OTTO (1832–1891) werden sie auch Ottomotoren genannt.
Ein Viertaktmotor arbeitet in vier Schritten (Takten), die nacheinander ablaufen. Die Vorgänge wiederholen sich jeweils nach 4 Takten. Bei einem Viertakt-Ottomotor unterscheidet man folgende Takte:

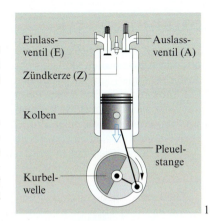

Einlass-ventil (E) · Auslass-ventil (A) · Zündkerze (Z) · Kolben · Pleuel-stange · Kurbel-welle

1

| **1. Takt:** Ansaugen des Benzin-Luft-Gemisches | **2. Takt:** Verdichten des Benzin-Luft-Gemisches | **3. Takt (Arbeitstakt):** Zünden und Verbrennen des Gemisches, Ausdehnen der Verbrennungsgase | **4. Takt:** Ausschieben der Verbrennungsgase |

 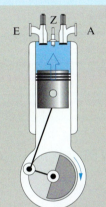 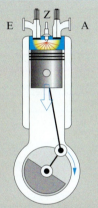 

2

| Der Kolben bewegt sich in Richtung der Kurbelwelle. Dadurch entsteht im Zylinder ein Unterdruck. Das Einlassventil ist geöffnet. Durch das Ventil wird das Benzin-Luft-Gemisch angesaugt, das im Vergaser erzeugt wird. | Beide Ventile sind geschlossen. Der Kolben bewegt sich in Richtung der Zündkerze, bis das Volumen des Gases auf etwa 1/10 des ursprünglichen Volumens verkleinert ist. Dabei steigt die Temperatur des Gases auf etwa 500 °C. | Mit der Zündkerze wird ein Funke erzeugt, der das Benzin-Luft-Gemisch entzündet. Beim explosionsartigen Verbrennen steigt die Temperatur auf über 2000 °C, der Druck nimmt stark zu. Der Kolben wird in Richtung der Kurbelwelle gedrückt. | Das Auslassventil wird geöffnet. Der Kolben bewegt sich zurück und schiebt die Verbrennungsgase aus dem Zylinder.

Danach schließt sich wieder der 1. Takt an. |

Dieselmotor. Der Ingenieur RUDOLF DIESEL (1858–1913) hat vor etwa 100 Jahren eine weitere Wärmekraftmaschine erfunden – den Dieselmotor. Im Dieselmotor wird das Kraftstoff-Luftgemisch so stark im Zylinder verdichtet, dass es sich von selbst entzündet. Eine Zündkerze ist deshalb nicht erforderlich, allerdings muss der Kraftstoff mit hohen Druck in den Zylinder eingespritzt werden. Auch Dieselmotoren sind in der Regel Viertaktmotoren und sie haben einen höheren Wirkungsgrad als Ottomotoren. Weil in einem Dieselmotor die Luft viel stärker komprimiert wird als im Ottomotor, müssen Dieselmotoren stabiler gebaut werden. Früher hatten Dieselmotoren daher eine wesentlich größere Masse als Ottomotoren gleicher Leistung.

Schon gewusst?

Dieselmotoren haben nicht nur einen höheren Wirkungsgrad als Benzinmotoren. Die Herstellung von Dieselkraftstoff aus Rohöl (Erdöl) ist auch mit weniger Aufwand verbunden als die von hochwertigem Benzin. Dieselkraftstoff wird auch als Heizöl verwendet.

Strahltriebwerk

Die ersten Motorflugzeuge wurden mit Ottomotoren angetrieben, die unseren Automotoren ähnlich sind. Solche Motoren sind jedoch nicht für große Verkehrsflugzeuge geeignet, die eine große Schubkraft benötigen. Ottomotoren mit einer hohen Leistung sind sehr schwer. Strahltriebwerke mit einer gleichen Leistung können viel leichter gebaut werden. Außerdem sind Ottomotoren, die einen Propeller antreiben, nicht für die heute üblichen Geschwindigkeiten von 800 km/h bis 1 000 km/h geeignet.

Auch in Strahltriebwerken wird ein Treibstoff verbrannt (häufig das sogenannte Kerosin). Der entstehende hohe Druck wird dabei oft in zweifacher Weise genutzt:

– Die heißen Verbrennungsgase treten mit großer Geschwindigkeit nach hinten aus und bewirken dadurch, dass das Flugzeug nach vorn gedrückt wird (Prinzip von Kraft und Gegenkraft).

– Die Verbrennungsgase treiben eine Turbine an, die mit einer Luftschraube (Bläser oder Propeller) verbunden ist. Die Luftschraube erzeugt einen nach hinten gerichteten Kaltluftstrom.

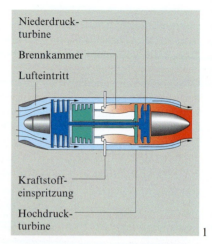

Niederdruck-turbine

Brennkammer

Lufteintritt

Kraftstoff-einspritzung

Hochdruck-turbine

1

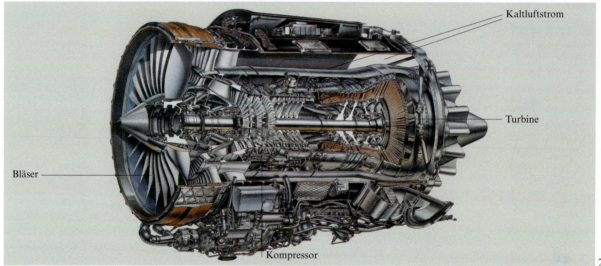

Kaltluftstrom

Turbine

Bläser

Kompressor

2

Schnitt durch ein Zweistromtriebwerk

Der Bläser presst Luft nach hinten. Ein Teil der Luft gelangt in den Kompressor; dort wird sie verdichtet. Anschließend gelangt sie in die Brennkammer, wo kontinuierlich Treibstoff verbrannt wird. Die Verbrennungsgase treiben zunächst die Hochdruckturbine an, die mit dem Kompressor verbunden ist. Dahinter wird die Niederdruckturbine angetrieben, die mit dem Bläser verbunden ist. Die Schubdüse bewirkt eine weitere Erhöhung der Austrittsgeschwindigkeit. Dabei werden Druck und Temperatur des Gases vermindert.

Im Kaltluftstrom wird eine etwa 5- bis 8-mal so große Luftmenge nach hinten bewegt, wie im Strom der heißen Verbrennungsgase. Der Kaltluftstrom dient auch zur Kühlung der heißen Triebwerksteile.

Bei einem Turboprop-Triebwerk (Bild 3) verläuft der Kaltluftstrom außerhalb des Triebwerkes. Hier wird von der Turbine ein Propeller angetrieben. Solche Triebwerke arbeiten bei mittleren Fluggeschwindigkeiten von 400 km/h bis 800 km/h besonders wirtschaftlich.

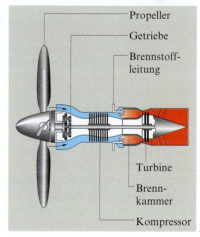

Propeller

Getriebe

Brennstoff-leitung

Turbine

Brenn-kammer

Kompressor

3

Rund um den Motor

Der **Kolben** bewegt sich im **Zylinder** auf und ab. Die Abdichtung zwischen Kolben und Zylinderwand besorgen die **Kolbenringe**.

Die **Nockenwelle** steuert das Öffnen und Schließen der **Ventile** in den einzelnen Takten. Die Ventile werden von straffen Federn geschlossen und von Kipphebeln geöffnet.

Mit der **Steuerkette** (dem **Zahnriemen**) wird die Nockenwelle angetrieben.

Mithilfe von **Bandriemen** (Keilriemen) werden die Pumpe für das Kühlwasser, die Lichtmaschine (also der „Dynamo" des Autos) und der Ventilator für die Kühlung des Motors angetrieben.

Im **Kühlkreislauf** befindet sich Wasser mit besonderen Zusatzstoffen, die verhindern, dass das Wasser im Winter gefriert. Mit dem heißen Kühlwasser kann auch der Innenraum des Wagens beheizt werden.

Pleuel und **Kurbelwelle** wandeln die Auf- und Abbewegung der Kolben in eine Drehbewegung. **Ausgleichsmassen** an der Kurbelwelle verhindern, dass die Kurbelwelle durch die Kolbenbewegung ungleichmäßig belastet wird.

In der **Ölwanne** befindet sich das Schmieröl, das die Reibung zwischen den bewegten Teilen vermindert. Am **Ölpeilstab** kann der Ölstand abgelesen werden.

Das **Schwungrad** hat eine große Masse. Es trägt dazu bei, dass der Motor gleich-mäßig läuft.

Die **Kupplung** bildet den Anschluss zum Getriebe. Das Getriebe sorgt für die richtige Übersetzung der Motordrehzahl auf die Drehzahl der Räder. Mit der Kupplung können Motor und Getriebe getrennt werden. Beim Anfahren stehen Räder und Getriebewelle zunächst still, während sich die Kurbelwelle schon dreht. Beim „Einkuppeln" wird die Drehung der Kurbelwelle allmählich an die Getriebewelle weitergegeben.

Die Abgase des Autos. Bei der Verbrennung von Benzin bzw. Diesel entstehen hauptsächlich Kohlenstoffdioxid (CO_2) und Wasserdampf. Kohlenstoffdioxid ist für unsere Umwelt nicht giftig, aber es trägt zum Treibhauseffekt bei und damit zu einer Erwärmung der Atmosphäre.

Bei der Verbrennung entstehen aber auch noch sehr schädliche Stickstoffoxide, Kohlenstoffmonooxid und es bleiben unverbrannte Kohlenwasserstoffe zurück. Daher müssen die Abgase durch einen sogenannten **Katalysator** geleitet werden, wo diese Schadstoffe teilweise in Kohlenstoffdioxid, Wasserdampf und Stickstoff umgewandelt werden können.

Eine Tankfüllung von 50 l Benzin führt durchschnittlich zu folgenden Schadstoffmengen:

Stickstoffoxide und Kohlenwasserstoffe	0,3 kg
Kohlenstoffmonooxid	0,9 kg
Kohlenstoffdioxid	120 kg

Antrieb durch heiße Luft

Bereits 1816 erfand der schottische Kirchenminister ROBERT STIRLING einen Motor, der wie die Dampfmaschine aus Wärme mechanische Arbeit machte. In jenen Jahren war es häufig zu Explosionen von Dampfkesseln gekommen. STIRLINGS „Heißluftmotor" benötigte jedoch keinen Dampf. Beim Stirlingmotor genügt es, wenn das eine Ende des Zylinders mithilfe eines beliebigen Brennstoffes geheizt und das andere gekühlt wurde.

Trotz seiner Vorteile hat sich der Stirlingmotor lange Zeit nicht durchsetzen können. Aber angesichts der begrenzten Reserven von Kohle, Öl und Gas gibt es seit einigen Jahren neue Erfolg versprechende Versuche, das Prinzip des Stirlingmotors zu nutzen.

Im Stirlingmotor ist eine bestimmte Gasmenge (Luft oder Helium) eingeschlossen. Ein Verdrängerkolben schiebt das Gas abwechselnd von der heißen Seite des Motors zur kalten. Befindet sich das Gas auf der heißen Seite, wird es dort erhitzt, erhöht den Druck im Motor und verschiebt deshalb einen zweiten Kolben, den *Arbeitskolben*, nach außen. Befindet sich das Gas auf der kalten Seite, kühlt es sich ab; Volumen und Druck werden verringert und der äußere Luftdruck schiebt den Arbeitskolben wieder nach innen.

Durch eine Kurbelwelle sind Verdrängerkolben und Arbeitskolben so miteinander verbunden, dass die Arbeitsschritte nacheinander ablaufen. Das Schwungrad treibt den Verdrängerkolben an und gleicht ruckhafte Bewegungen des Motor aus.

1 Modell eines Stirlingmotors

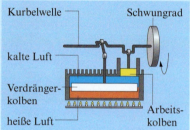

Kurbelwelle — Schwungrad
kalte Luft
Verdränger-kolben
heiße Luft — Arbeits-kolben

2

4. Verdichten: Bis der Arbeitskolben seinen tiefsten Punkt erreicht hat, verringert sich das Gasvolumen weiter. Durch die Aufwärtsbewegung des Verdrängerkolbens wird es bereits wieder nach unten geschoben.

1. Erhitzen: Die Luft im Motor wird im unteren Bereich des Motors erwärmt, dehnt sich aus und schiebt den Arbeitskolben nach oben; auch der Verdrängerkolben wird nach oben bewegt.

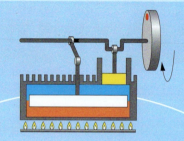

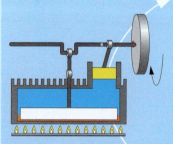

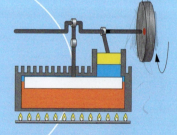

3. Kühlen: Oben befindet sich viel Gas, das gekühlt wird. Es „zieht" den Arbeitskolben nach innen. Dabei bewegt sich der Verdrängerkolben weiter nach unten und schiebt auch das restliche Gas nach oben.

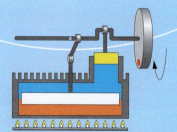

2. Ausdehnen: Noch bevor der Arbeitskolben seinen höchsten Punkt erreicht hat, wird der Verdrängerkolben wieder nach unten bewegt. Das Gas strömt an ihm vorbei in den oberen Bereich.

3

AUFGABEN

1. Bei einem Luftdruck von 1000 hPa wird ein luftdichter Gefrierschrank eingeschaltet. Die Temperatur innen sinkt von 20 °C auf –20 °C.
   a) Wie groß ist danach der Luftdruck im Inneren?
   b) Wie groß ist die Kraft auf die Tür ($A = 0,5$ m²) infolge des Druckunterschiedes? Könntest du die Tür öffnen?

2. Ein großer Heißluftballon enthält 4000 m³ Luft ($T = 273$ K).
   a) Welches Luftvolumen tritt bei einer Temperaturerhöhung um 10 K aus?
   b) Wie stark nimmt dabei die Masse des Ballons ab (Dichte von Luft bei 273 K: $\varrho = 1,29$ kg/m³)?

3. Ein Gas hat bei 300 K ein Volumen von 3 l und einen Druck von 2000 hPa. Es wird schnell auf 1,5 l zusammengedrückt, ohne dass es Wärme abgeben kann. Der Druck steigt dabei auf das Dreifache an.
   Wie hoch ist die Temperatur des Gases nach dem Zusammendrücken?

4. Ein Auto wird im heißen Sommer aus der Garage geholt. Bei 20 °C betrug der Reifendruck 2,8 bar. Wie ändert sich der Druck bei einer Erwärmung auf 55 °C? (Das Volumen der Reifen bleibt ungefähr gleich.)

5. a) Berechne den thermischen Wirkungsgrad des „Motors" im Experiment 3 auf S. 71. Nimm an, dass die Temperatur der Wasserbehälter 50 °C bzw. 20 °C beträgt!
   b) Ändert sich der thermische Wirkungsgrad, wenn die Temperaturen 40 °C bzw. 10 °C betragen?

6. Bei großen Wärmekraftmaschinen wird häufig eine Wasserkühlung eingesetzt. Erläutere, wozu sie dient!

7. Informiere dich in einem Nachschlagewerk zum Thema „industrielle Revolution"!
   Welche Rolle spielten dabei die Wärmekraftmaschinen?

8. Begründe die Bezeichnung „Arbeitstakt" für den 3. Takt des Viertaktmotors!

9. Ottomotoren werden häufig als Vierzylindermotoren gebaut.
   a) Welche Vorteile hat ein Vierzylindermotor gegenüber einem Einzylindermotor?
   b) Wie laufen die unterschiedlichen Takte in einem Sechszylindermotor ab?

10. Ottomotoren werden oft mit einem „Vergaser" ausgerüstet, Dieselmotoren dagegen mit einer „Einspritzpumpe".
    Was bewirken diese Geräte in dem jeweiligen Motor?

11. Begründe, dass Dieselmotoren früher nur in großen Fahrzeugen eingesetzt wurden!

12. Nenne Vorteile des Dieselmotors gegenüber dem Benzinmotor!
    Gibt es auch Nachteile?

13. Welche Funktion haben die Ventile in Verbrennungsmotoren? Beschreibe ihre Stellung in den einzelnen Takten!

14. a) Begründe, dass der Ausdruck $p \cdot V$ die Einheit einer Energie hat!
    b) Eine Gasmenge in einem Zylinder wird auf die Hälfte ihres Volumens zusammengedrückt. Unter welcher Bedingung steigt dabei der Druck auf den doppelten Wert?
    c) Muss man, um dies zu erreichen, thermische Energie zu- oder abführen? Begründe deine Antwort!

ZUSAMMENFASSUNG

Volumenänderung eines Gases

$\Delta V = V_0 \cdot \gamma \cdot \Delta T$ V_0 Volumen des Gases bei 0 °C

$\gamma = \dfrac{1}{273} \cdot \dfrac{1}{K}$ für alle Gase

Zustandsgleichung für Gase:

$p \cdot \dfrac{V}{T} = $ konstant

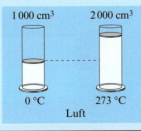

1000 cm³   2000 cm³

0 °C   273 °C

Luft

Thermischer Wirkungsgrad einer Wärmekraftmaschine

$$\eta_{th} = \frac{T_{hoch} - T_{niedrig}}{T_{hoch}}$$

Je größer die Temperaturdifferenz zwischen Einlass und Auslass einer Wärmekraftmaschine ist, desto größer ist ihr Wirkungsgrad.

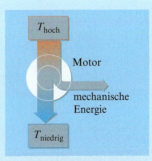

Kühlschrank und Wärmepumpe

Die Idee von Kühlschrank und Wärmepumpe. Noch nie hat jemand beobachtet, dass sich ein Badezimmer abkühlt und dafür das Badewasser wärmer wird. Ebenso wird das heiße Stück Eisen im Bild 1 nicht dem Wasser Energie entziehen und dabei anfangen zu glühen. Alle Erfahrung lehrt das folgende Prinzip: Bei der Wärmeübertragung geht die thermische Energie stets vom wärmeren zum kälteren Körper über (vgl. S. 58 ff.).

Aber ist nicht doch der umgekehrte Weg möglich?
Lässt sich ein kälterer Körper noch weiter abkühlen, indem ein warmer Körper noch wärmer gemacht wird?
Tatsächlich gibt es Geräte, die nach diesem Prinzip arbeiten.

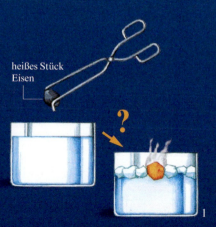

heißes Stück Eisen

1

Der Kühlschrank als Haushaltsgerät. Früher wurden zum Kühlen Eisblöcke in die Haushalte und Geschäfte gebracht, wo das Eis in einen Eisschrank, einen gut isolierten Holzkasten, gefüllt wurde. Allmählich schmolz das Eis und diente so für die Kühlung leicht verderblicher Lebensmittel. Zur fortlaufenden Kühlung musste alle zwei bis drei Tage Eis geliefert werden. Die Eisblöcke wurden im Winter aus den Eisdecken zugefrorener Seen und Flüsse „geerntet" und in Eiskellern gelagert.

Seit etwa 1910 helfen uns elektrische Kühlschränke die Lebensmittel frisch zu halten und zu konservieren. Ein Kühlschrank ist heute in fast jedem Haushalt zu finden.

Wie funktioniert ein Kühlschrank?
Warum braucht ein Kühlschrank Strom?
Wieso ist es an der Rückseite des Kühlschranks warm?

Die Wärmepumpe als energiesparende Heizung. Der Energiebedarf in Deutschland wird zu fast 90% durch Kohle, Erdöl und Erdgas abgedeckt. Bei deren Verbrennung werden umweltgefährdende Schadstoffe freigesetzt. Etwa 20% der energiebedingten CO_2-Emissionen werden von Haushalten und Kleinverbrauchern verursacht (Bild 2). Zum Schutz der Umwelt und zur Schonung der Energieressourcen ist es wichtig, möglichst wenig Kohle, Erdgas oder Erdöl zu verbrennen.

Den größten Teil des Energiebedarfs in Privathaushalten machen Raumheizung und Warmwasserbereitung aus (Bild 3). Gerade hier muss also eine verantwortungsvolle Energienutzung ansetzen. Neben einer guten Wärmedämmung und verbrauchsarmen Geräten, kommt es darauf an, erneuerbare Energien mit umweltfreundlichen Heizsystemen zu erschließen.

Hierzu bieten immer mehr Firmen so genannte Wärmepumpen an. Sie werben mit Wirkungsgraden bis 400% – und das, obwohl doch der thermische Wirkungsgrad immer kleiner als 100% ist (vgl. S. 71).

Wie funktioniert so eine Wärmepumpe?
Kann Sie überall eingesetzt werden?
Welche technischen Voraussetzungen müssen für ihren Betrieb erfüllt sein?
Ist es überhaupt möglich, so hohe Wirkungsgrade zu erreichen?

CO²-Emission in Deutschland nach Verbrauchssektoren

Anteile am Energieverbrauch in einem Haushalt

Schon gewusst?

Zusammen mit den Heißwasserspeichern und Durchlauferhitzern zur Erzeugung von warmem Wasser sind Tiefkühlgeräte die Haushaltsgeräte mit dem höchsten Jahresbedarf an elektrischer Energie in einem Privathaushalt. Die beim Kühlen frei werdende Wärme wird meist nicht genutzt.

Dieses Einfamilienhaus erhält eine Wärmepumpenanlage.

Der Kühlschrank

Aufbau eines Kühlschranks. Sieht man sich einen Kühlschrank genauer an, erkennt man unter anderem die folgenden Teile:

1. An der Rückseite des Innenraumes, meist im Eisfach, befindet sich ein System aus Röhren. Oft sind diese Röhren auch zwischen zwei Blechplatten eingepresst.
2. Das Röhrensystem findet man auch auf der Rückseite des Kühlschranks (Bild 2). Hier sind die Röhren mit Kühlrippen versehen.
3. Im unteren Bereich, von hinten gut zugänglich, ist der Motor (Kompressor) sichtbar.
4. Bei manchen Kühlschränken findet man auch noch eine Stelle, an der sich das Rohr deutlich verengt.

Röhrensystem im Inneren des Kühlschranks

Rückseite des Kühlschranks

In dem geschlossenem Röhrensystem befindet sich ein Kühlmittel, das die Eigenschaft hat, schon bei sehr niedriger Temperatur (unterhalb von 0 °C) zu sieden. Es hat die Aufgabe, thermische Energie aus dem Inneren des Kühlschranks nach außen zu transportieren. Überzeuge dich selbst davon, indem du einmal an die Kühlrippen eines laufenden Kühlschrank fasst. Sie sind heiß!

Energietransport. Die thermische Energie wird dem *kühleren* Innenraum entzogen und an die *wärmere* Umgebungsluft abgegeben. Um die Energie in diese Richtung übertragen zu können, werden die Umwandlungsenergien des Kühlmittels beim Verdampfen und Kondensieren genutzt.
Für eine Aggregatzustandsänderung von flüssig zu gasförmig wird thermische Energie benötigt. Dieser Vorgang lässt sich besonders gut beim Verdunsten von Flüssigkeiten erkennen.

EXPERIMENT 1

1. Verreibe einen Tropfen Wasser auf dem Handrücken. Was spürst du, wenn das Wasser verdunstet? Versuche es auch mit einem Tropfen Spiritus oder Parfüm!
2. Umwickle die Thermometerkugel eines Flüssigkeitsthermometers mit Watte oder Löschpapier. Feuchte das Papier mit Spiritus an und beobachte das Thermometer!
3. Wiederhole das Experiment mit anderen Flüssigkeiten. Ermittle jeweils Anfangs- und Endtemperatur sowie den Temperaturunterschied! Bei welcher Flüssigkeit erreicht man die niedrigste Temperatur?

Aceton   Spiritus   Wasser

Beim Verdunsten kann eine Flüssigkeit sich selbst und damit auch ihre Umgebung abkühlen. Der Umgebung wird dabei thermische Energie entzogen.
In Kühlschränken wurde früher das FCKW-haltige Frigen® 12 eingesetzt. Es wird heute jedoch nicht mehr verwendet, da es die Ozonschicht der Erde gefährdet.

1. Verdampfer. Der Teil des Röhrensystems im Inneren des Kühlschranks stellt den Verdampfer dar. Hier befindet sich das Kühlmittel unter einem Druck von ca. 2 bar, es verdampft.
Für dieses Verdampfen wird Energie benötigt. Diese Verdampfungswärme wird zunächst dem Kühlmittel selbst entzogen. Seine Temperatur sinkt unter die Temperatur des Innenraumes. Dadurch können die Luft und die Lebensmittel im Kühlschrank ebenfalls Energie an das Kühlmittel abgeben, die Temperatur im Innenraum sinkt.

2. Kompressor. Das verdampfte Kühlmittel wird mit einem Kompressor, also einer Pumpe, aus dem Verdampfer abgesaugt. Dadurch wird der Verdampfungsprozess weiter beschleunigt und die Kühlung verstärkt. Der abgesaugte Dampf wird in das Röhrensystem auf der Rückseite des Kühlschranks gepresst.

3. Verflüssiger. Durch das Zusammenpressen steigt die Temperatur des Kühlmittels auf über 40 °C. Im Verflüssiger herrscht ein Druck von ca. 9 bar. Der hohe Druck bewirkt, dass das Kühlmittel – trotz der hohen Temperatur – kondensiert.
Die dabei frei werdende Kondensationswärme wird an die Umgebung abgegeben. Durch die weit aufgefächerten Kühlrippen besteht ein guter thermischer Kontakt zur umgebenden Luft. Daher sinkt die Temperatur im Verflüssiger nahezu auf die Raumtemperatur ab.

4. Kapillarrohr. Durch das enge Kapillarrohr strömt das flüssige und wieder abgekühlte Kühlmittel in den Verdampfer. Dabei wird der Druck stark vermindert und der Prozess kann von Neuem beginnen.

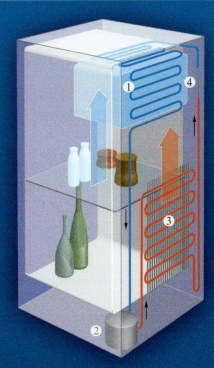

1

Siedetemperatur und Druck. Die Siedetemperatur eines Stoffes ist vom äußeren Druck abhängig (vgl. S. 55). Wird der Druck verringert, kann der Stoff bei geringeren Temperaturen sieden. Dies geschieht im Verdampfer. Wird der Druck erhöht, so erhöht sich auch die Siedetemperatur. Die Siedetemperatur ist gleich der Kondensationstemperatur. Wenn also der äußere Druck erhöht wird, setzt die Kondensation des Gases schon bei höherer Temperatur ein. Dies geschieht im Verflüssiger.

Der Kühlschrank als Wärmekraftmaschine. Bei jedem Umlauf kondensiert das Kühlmittel einmal, um anschließend wieder zu verdampfen. Zum Betrieb der Kompressorpumpe wird elektrische Energie benötigt. Nur durch diese zusätzliche Energie bleibt der Kreislauf in Gang.
Der Kühlschrank ist eine Wärmekraftmaschine, in der ein unter Zufuhr von elektrischer Energie ein Temperaturunterschied erzeugt wird.

Energiefluss am Kühlschrank

2

AUFGABEN

1. a) Erläutere anhand von Bild 2 den Energiefluss am Kühlschrank!
   b) Wodurch kann der Kühlschrank den gewöhnlichen Prozess der Wärmeübertragung „von heiß nach kalt" umkehren?
   c) An welchen Stellen des Rohrsystems wird Energie aufgenommen bzw. abgeben?
2. Könnte man eine Küche im Sommer dadurch kühlen, dass man die Tür des Kühlschranks offen stehen lässt?
3. Neben den Kompressorkühlschränken gibt es auch so genannte Absorptionskühlschränke. Erkunde und beschreibe deren Funktionsweise!
4. Im Aufbau entsprechend Bild 3 wird der Etherdampf abgesaugt. Beschreibe was geschieht und erkläre dies!

zur Pumpe

Wasser
Eis
Ether

3

Die Wärmepumpe

Die Wärmepumpe ist wie der Kühlschrank eine Wärmekraftmaschine. Baut man einen Kühlschrank so um, dass der Verdampfer außen liegt und der Verflüssiger innen, so heizt sich das Innere des Kühlschranks auf. Ersetzt man das Kühlschrank-Gehäuse durch einen isolierten Wassertank, hat man eine Wärmepumpe zur Warmwassergewinnung.

Tatsächlich lässt sich auf diese Weise Wärme für die Heizung einer Wohnung gewinnen. Das Rohrsystem des Verdampfers wird dafür z. B. in den Erdboden oder ins Grundwasser verlegt. Der Verflüssiger befindet sich im Inneren des Hauses.

Der Kreisprozess. Die Wärmepumpe entzieht der Umwelt Energie und gibt diese z.B. an eine Heizung wieder ab. Dies geschieht wie beim Kühlschrank in einem Kreisprozess.

Der Aggregatzustand des Arbeitsmittels wird ständig geändert; das Arbeitsmittel wird im Kreisprozess verdampft, komprimiert, verflüssigt und expandiert. Dazu ist es notwendig, dem System von außen elektrische Energie zuzuführen. Mit dieser Energie wird der Kompressor der Wärmepumpe angetrieben.

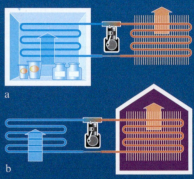

a

b   1

Kühlschrank (a) und Wärmepumpe (b) arbeiten nach dem gleichen Prinzip.

Schon gewusst?

In subtropischen Ländern braucht man im Winter eine Heizung und im Sommer eine Kühlung. Es gibt dort z. B. in Geschäften Anlagen aus 2 Boxen, die durch einen langen Schlauch miteinander verbunden sind. Jede Box besitzt Kühlrippen und einen Ventilator, der Luft durch den Kühler bläst. Eine Box enthält den Kompressor, die andere den Verdampfer. Schaltet man den Kompressor ein, so werden die Kühlrippen in der Kompressorbox heiß und in der Verdampferbox kalt.

Im Sommer bringt man den Kompressor auf die Straße vor das Geschäft, den Verdampfer in den Verkaufsraum. Dort wird es angenehm kühl. Im Winter vertauscht man die Boxen, um den Verkaufsraum zu heizen. Ein Umbau der Boxen ist dabei nicht erforderlich.

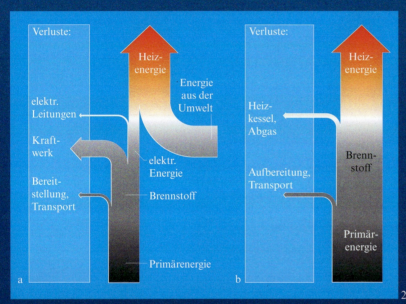

Vergleich der Energieflüsse bei einer Wärmepumpenanlage (a) und einer herkömmlichen Brennstoffheizung (b).

AUFGABEN

1. Vergleiche die Funktionsweise der Wärmepumpe mit der eines Kühlschranks!
2. a) Erläutere den Energiefluss einer Wärmepumpe anhand von Bild 3!
   b) An welchen Stellen des Rohrsystems wird Energie aufgenommen bzw. abgegeben?
3. Schwimmhallen sind Gebäude, die viel thermische Energie benötigen. Diese sollten z.B. neben Kühlhäusern zur Lagerung von Lebensmitteln gebaut werden. Beschreibe ausführlich, wie bei einer Verbindung eines Kühlhauses mit einer Schwimmhalle Energie ausgetauscht werden kann!

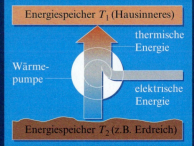

Arten von Wärmepumpen. In der Technik unterscheidet man verschiedene Wärmepumpen nach der Art der Wärmequelle:

Erdwärmekollektoren werden horizontal ca. 20 cm unterhalb der Frostgrenze verlegt, also in 1,0 bis 1,4 m Tiefe (Bild 1). Die Temperatur ist hier relativ konstant, sie beträgt das ganze Jahr über zwischen 8 °C und 12 °C. Eine Alternative sind *Erdwärmesonden,* die in eine Bohrung eingelassen werden (Bild 2). Ihre Länge beträgt 40 bis 100 Meter. Erdwärmekollektoren und Erdwärmesonden haben eine fast unbegrenzte Lebensdauer.

Die Temperatur von *Grundwasser* beträgt selbst an kältesten Tage zwischen 7 und 12 °C. Über einen Förderbrunnen wird das Grundwasser entnommen und dem Verdampfer der Wärmepumpe zugeführt, der dem Wasser die Wärme entzieht (Bild 3). Das um ca. 5 °C abgekühlte Wasser wird anschließend in einen Schluckbrunnen zurückgeführt.

Auch die *Luft* kann als Wärmequelle ohne großen baulichen Aufwand erschlossen werden (Bild 4). Ventilatoren führen die Außenluft am Verdampfer der Wärmepumpe vorbei, wobei ihr Wärme entzogen wird.

400 % Wirkungsgrad? – Der ökologische Nutzen. In der Physik stellt der Wirkungsgrad das Verhältnis von nutzbarer Energie zu zugeführter Energie dar. Bei einer Wärmepumpenheizung besteht die Energie, die dem Haus zugeführt wird, aus zwei Anteilen: der elektrischen Energie für den Kompressor und der vom Verdampfer aufgenommene Energie aus der Umwelt. Wenn beide Anteile vollständig zur Heizung genutzt werden können, beträgt der Wirkungsgrad 100 %.

Bei einer Angabe wie „400 % Wirkungsgrad" wird die nutzbare Energie lediglich mit der eingesetzten elektrischen Energie verglichen – denn die Energie aus der Umwelt gibt es kostenlos. Diese Angabe entspricht aber nicht der physikalischen Definition des Wirkungsgrades.

Dennoch lohnt es sich, die Heizleistung mit der elektrischen Leistung des Kompressors zu vergleichen. Der Quotient der beiden Leistungen wird als Leistungszahl bezeichnet. Eine Leistungszahl von 4 bedeutet, dass das 4-fache der eingesetzten elektrischen Leistung in nutzbare Heizleistung umgewandelt wird.

Ökologisch ist eine Wärmepumpe ab einer Leistungszahl von 2,5 günstiger als z. B. eine Erdgasheizung. Primärenergieverbrauch und Kohlenstoffdioxid-Emission durch die Wärmepumpe sind dann geringer (vgl. Bild 2, Seite 82). Bei einer Leistungszahl von 4 verursacht die Wärmepumpe ca. 35 % weniger Kohlenstoffdioxid als die beste Brennstofftechnik.

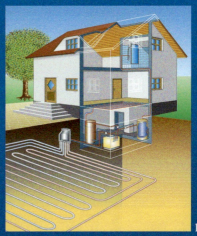

Erdwärmekollektoren

Erdwärmesonden

Grundwasser als Energiespeicher

Luft als Energiespeicher

Projekte zu Kühlschrank und Wärmepumpe

AUFTRAG 1

Kühlschrankkauf

1. Informiere dich in einem Elektrogeräte-Markt,
   – wodurch sich die verschiedenen Geräte unterscheiden,
   – was die Kategorien A B C D E F zur Energieeffizienz bedeuten,
   – wodurch sich als besonders umweltfreundlich gekennzeichnete, Geräte von anderen unterscheiden,
   – wie viel die verschiedenen Geräte kosten.
2. Führe mit einem Mitschüler in einem Rollenspiel ein Beratungsgespräch zum Kauf eines Kühlschranks vor!

1

2

AUFTRAG 2

Entsorgung von Kühlschränken

1. Informiere Dich bei deinem lokalen Entsorgungsunternehmen, wie Kühlschränke entsorgt werden und welche Kosten dabei entstehen!
2. Welche Probleme treten dabei mit dem Kühlmittel, dem Dämmmaterial und der Elektronik auf und wie werden sie gelöst?
3. Organisiere einen Besuch in einem solchen Unternehmen!
4. Diskutiert in einer Schülergruppe, ob ein noch funktionstüchtiger alter Kühlschrank durch einen modernen, stromsparenden ersetzt werden soll oder nicht!

AUFTRAG 3

Werbung für Wärmepumpen

1. Recherchiere im Internet (z. B. auf den Seiten: www.bine.info oder www.waermepumpe.de),
   – welche prinzipiellen Arten von Wärmepumpen es gibt,
   – woher die gespeicherte Sonnenenergie jeweils entnommen wird,
   – wozu die gespeicherte Sonnenenergie jeweils genutzt wird,
   – welche Vorteile der Betrieb einer solchen Wärmepumpe für den Nutzer hat,
   – welche Energiekosten damit jeweils gesenkt werden können.
2. Entwirf ein Plakat auf dem für die Vorteile einer Wärmepumpe beim Bau eines Hauses geworben wird.
3. Gestaltet mit den Plakaten z. B. den Rahmen für eine selbst organisierte Heizungstechnikmesse!

AUFTRAG 4

Wärmepumpe für ein Einfamilienhaus

1. Informiere dich bei einem Energieversorgungsunternehmen oder einem Heizungsinstallateur über die Heizungstechnik für ein Einfamilienhaus mit einem Heizwärmebedarf von 15 000 Kilowattstunden (kW · h) pro Jahr. Lass dir Informationsmaterial geben!
2. Erstelle eine vergleichende Tabelle, aus der auch die Energiekosten und Gesamtkosten pro Jahr hervorgehen!
3. Organisiere mit deinen Mitschülern eine Heizungstechnikmesse, auf der Fachleute interessierten Kunden Auskünfte erteilen!

3

Eigenschaften elektrischer Bauelemente

Von Musikaufnahmen wird erwartet, dass sie ein ausgewogenes Klangbild ergeben. Hohe und tiefe Töne müssen deshalb in der richtigen Lautstärke „gemischt" werden.
Der Toningenieur benutzt hierfür ein Mischpult. Jeder Schieberegler ermöglicht die Steuerung der Lautstärke für bestimmte Tonhöhen.

„Gasgeben" bei einem Elektromotor?
Auf der Autorennbahn kommen die Wagen langsam aus der engen Kurve. Auf der „langen Geraden" sollen sie möglichst schnell fahren, vor der nächsten Kurve wieder abbremsen und gleich darauf beschleunigen, damit sie den Looping schaffen.
Die Geschwindigkeit kannst du mit einem besonderen Handgriff steuern: Durch die Stellung des Schalters wird die Stromstärke im Motor des Wagens beeinflusst.
Im Schalter selbst ändert sich dabei der elektrische Widerstand.

Der elektrische Widerstand als physikalische Größe

Ein Wasserkocher und ein Radio sind jeweils an eine Steckdose angeschlossen. Der Wasserkocher hat eine Leistung von 2 000 W, das Radio nur 20 W. Im Wasserkocher ist also die Stromstärke viel größer als im Radio – und das, obwohl beide mit der gleichen Spannung von 230 V betrieben werden. Die Spannung gibt an, wie stark die Elektronen auf ihrem Weg durch den Stromkreis angetrieben werden. Der Antrieb ist also für Wasserkocher und Radio derselbe. Der Stromfluss wird im Radio offenbar stärker behindert als im Wasserkocher. Die physikalische Größe, mit der die Behinderung des Stromflusses beschrieben wird, heißt elektrischer Widerstand.

> Der elektrische Widerstand gibt an, wie stark der Strom in einem Leiter behindert wird.

Bei einer bestimmten Spannung führt ein großer elektrischer Widerstand zu einer kleineren Stromstärke, ein kleiner elektrischer Widerstand zu einer größeren. Der elektrische Widerstand im Wasserkocher ist also kleiner als im Radio. In einem Experiment kannst du untersuchen, wie verschiedene Leiter das Verhältnis von Spannung U am Leiter und Stromstärke I im Leiter beeinflussen.

Übrigens

In vielen Geräten werden besondere Leiter eingesetzt, die infolge ihres elektrischen Widerstandes die Stromstärke begrenzen. In der Technik werden solche Bauelemente auch als Widerstände bezeichnet.

EXPERIMENT 1
1. Baue die Schaltung nach dem Schaltplan auf! Als Leiter können isolierte Drähte verwendet werden, die auf Keramikröhrchen aufgewickelt sind.
2. Stelle an der Elektrizitätsquelle die Spannung nacheinander auf 0 V, 1 V, 2 V, 3 V und 4 V ein und miss die zugehörigen Stromstärken. Trage deine Messwertepaare in eine Messwertetabelle ein und fertige ein Diagramm an!
4. Wiederhole die Messungen für zwei andere Leiter!

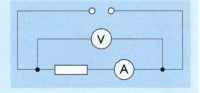

3

Bild 1 zeigt ein mögliches Ergebnis von Experiment 1. Für jeden Draht liegen die Messwerte etwa auf einer Geraden, die durch den Koordinatenursprung geht. In jedem dieser Leiter, wächst die Stromstärke mit zunehmender Spannung . Es liegt näherungsweise eine direkte Proportionalität $I \sim U$ vor.
Vergleicht man für eine bestimmte Spannung die Messwertpaare, so zeigt sich, dass die Stromstärke bei Leiter 1 sehr gering, bei Leiter 3 dagegen relativ groß ist. Der Leiter 1 behindert den Stromfluss stärker als der Leiter 3. Der Widerstand von Leiter 1 ist also größer als der von Leiter 3.
Der Quotient aus den Größen Spannung U und Stromstärke I eignet sich zur Angabe der Größe Widerstand.

$$\text{elektrischer Widerstand} = \frac{\text{Spannung am Bauelement}}{\text{Stromstärke im Bauelement}}$$

Setzt man in dieser Gleichung für die Spannung die Einheit Volt und für die Stromstärke die Einheit Ampere ein, so ergibt sich als Einheit für den Widerstand V/A. Anstelle dieser Einheit wird aber zumeist die Einheit Ohm (Ω) zu Ehren von GEORG SIMON OHM verwendet. Es gilt $1\,\Omega = 1\,\text{V/A}$. Das Formelzeichen für den elektrischen Widerstand ist R (von engl. *resistance*).

> Für den elektrischen Widerstand gilt: $R = \dfrac{U}{I}$
>
> Die Einheit des elektrischen Widerstandes ist (Ohm) Ω.

Bestimmen des elektrischen Widerstandes. Eine Möglichkeit zur Widerstandsbestimmung besteht darin, mit einem Vielfachmessgerät Spannung (Bild 2a) und Stromstärke (Bild 2b) nacheinander zu messen und dann den Widerstand mit der Gleichung $R = \dfrac{U}{I}$ zu berechnen.

Eine zweite Möglichkeit ist die Messung des Widerstandes mit einem Strommesser, der über eine eingebaute Batterie verfügt. Der Strommesser und das Gerät mit dem unbekannten Widerstand R_x werden in Reihe geschaltet (Bild 3). Wenn der Widerstand R_x praktisch null ist, dann ist die Stromstärke maximal, der Zeigerausschlag ist maximal. Nimmt R_x zu, so nimmt die Stromstärke ab ($I = \dfrac{U}{R}$). Bei unendlich großem Widerstand beträgt die Stromstärke 0 A.
Die Skala für die Stromstärkemessung kann direkt in Ohm kalibriert werden, wobei 0 Ω bei Vollausschlag und sehr große Widerstandsbeträge bei kleinem Ausschlag abzutragen sind. Größere Widerstandswerte liegen auf der Skala sehr dicht am unteren Ende beieinander.

Beispiel
Berechne den Widerstand einer Glühlampe, die bei einer Spannung von 6 V eine Leistung von 5 W hat!

Gesucht: R

Gegeben: $U = 6\,\text{V}$
          $P = 5\,\text{W}$

Lösung: $R = \dfrac{U}{I}$

$$I = \frac{P}{U}$$

$$I = \frac{5\,\text{V} \cdot \text{A}}{6\,\text{V}} = 0{,}83\,\text{A}$$

$$R = \frac{6\,\text{V}}{0{,}83\,\text{A}} = 7{,}2\,\Omega$$

Ergebnis: Die Glühlampe hat einen Widerstand von 7,2 Ω.

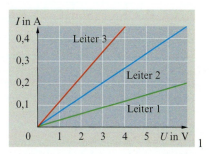

1

Beispiele für elektrische Widerstände

Zuleitung für Elektrogeräte	etwa 0,1 Ω
Lautsprecher	8 Ω
Heizwendel im Tauchsieder (1000 W)	53 Ω
Fernseher (120 W)	440 Ω
Glühfaden einer 100-W-Glühlampe	530 Ω
menschlicher Körper bei trockenen Händen	10 kΩ bis 100 kΩ

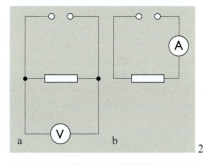

2

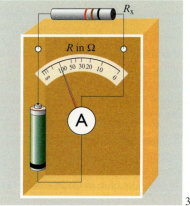

3

Der elektrische Widerstand in Metallen

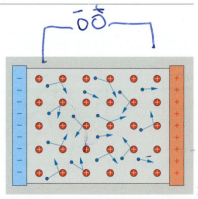

Zustandekommen des Widerstandes. Mit dem Modell der Elektronenleitung kann das Zustandekommen des elektrischen Widerstandes in einem Metall gedeutet werden. Die Spannungsquelle treibt die Elektronen vom Minus- zum Pluspol durch den Leiter. Dabei „stoßen" sie gegen die Metall-Ionen. Sie werden dadurch abgebremst. Diese für uns unsichtbare Behinderung der wandernden Elektronen führt im Stromkreis zur Behinderung des Stromflusses.

In den verschiedenen Stoffen gibt es auch unterschiedlich große Behinderungen der wandernden Elektronen. So wird der elektrische Strom in Kupfer weniger behindert als in Eisen.

Modell der Elektronenleitung   1

Temperaturabhängigkeit des Widerstandes. In einem Experiment soll untersucht werden, wie sich der elektrische Widerstand eines metallischen Leiters verändert, wenn dessen Temperatur erhöht wird.

> **EXPERIMENT 2**
> Ein Widerstandsdraht, der in einen Stromkreis geschaltet ist, wird mit einer Brennerflamme erwärmt. Die Spannung ist konstant. Der Zeigerausschlag am Strommesser wird beobachtet.

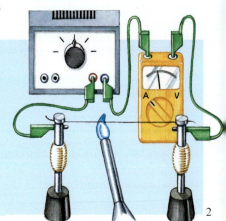

2

Mit zunehmender Temperatur nimmt die Stromstärke ab, die Behinderung des Stromes, also der elektrische Widerstand, nimmt zu. Die Abhängigkeit des Widerstandes R von der Temperatur ϑ zeigt Bild 3.

Zur Erklärung kann das Modell der Elektronenleitung herangezogen werden:

Eine höhere Temperatur führt zu heftigeren Bewegungen der Metall-Ionen an ihren Plätzen. Dadurch wird die Bewegung der Elektronen stärker behindert, der Widerstand des Leiters wird größer.

> Der Widerstand eines metallischen Leiters erhöht sich bei zunehmender Temperatur.

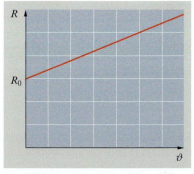

Der Widerstand eines Drahtes erhöht sich bei Erwärmung.

Der Stromfluss im Leiter bewirkt eine Erwärmung. Bei Vergrößerung der Stromstärke steigt die Temperatur ϑ des Leiters weiter an. Dadurch erhöht sich sein Widerstand. Die Veränderung des Widerstandes bedeutet, dass der Quotient U/I nicht konstant ist. So ist z. B. der Kaltwiderstand einer Glühlampe wesentlich kleiner als der so genannte Betriebswiderstand bei glühender Wendel.

Widerstandsthermometer. Die Abhängigkeit des Widerstandes von der Temperatur kann auch zur Temperaturmessung genutzt werden (siehe S. 120). Verwendet man einen Strommesser zur Widerstandsbestimmung, so kann seine Skala auch in Grad Celsius kalibriert werden. Denn jede Stromstärke entspricht bei konstanter Spannung einer bestimmten Temperatur.

Halbleiter und Supraleiter

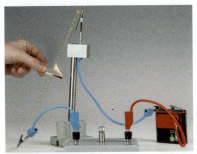

Ausschalten durch Erhitzen

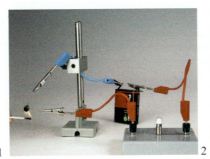

Einschalten durch Erhitzen

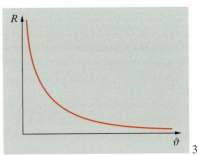

R-ϑ-Diagramm eines NTC-Widerstands

Halbleiter. Die Lampe in Bild 1 leuchtet zunächst schwach. Sie erlischt aber, wenn die Spule aus Eisendraht erhitzt wird: Der Widerstand des Drahtes wird durch das Erhitzen sehr groß. Ganz anders ist es im Bild 2: Hier fließt zunächst nur ein sehr kleiner Strom. Aber die Lampe beginnt hell zu leuchten, wenn das Bauelement erhitzt wird.
Dieses Bauelement besteht aus einem Halbleiter-Material. Der Widerstand von Halbleiter-Bauelementen wird mit zunehmender Temperatur immer kleiner (Bild 3). Deshalb nennt man sie auch *Heißleiter* oder *Thermistoren.*

Heißleiter werden beispielsweise verwendet, um bei einer Lichterkette zu verhindern, dass alle in Reihe geschalteten Glühlampen erlöschen, wenn in einer der Glühdraht „durchbrennt": Zum Glühdraht jeder Lampe ist ein Heißleiter parallel geschaltet (Bild 4). Wegen ihres hohen Widerstandes fließt normalerweise so gut wie gar kein Strom durch die Heißleiter. Wenn nun ein Glühdraht durchbrennt, erlischt zunächst die ganze Lichterkette. Durch den Heißleiter ist der Stromkreis aber nicht ganz unterbrochen: Er bildet nun den größten Widerstand im Stromkreis. Er wird deswegen heiß, sein Widerstand nimmt stark ab, und die Lichterkette leuchtet wieder auf.

Zu den Halbleitern gehören unter anderem die Elemente der IV. Hauptgruppe des Periodensystems, also Kohlenstoff, Silicium und Germanium. Die Elektronen sind in diesen Stoffen sind relativ fest an die Atome „gebunden", sie sind nicht so leicht beweglich wie in Metallen. Mit zunehmender Temperatur „lösen" sich aber mehr und mehr Elektronen von den Atomen. Dann stehen mehr bewegliche Ladungsträger zur Verfügung – der Widerstand nimmt also ab.

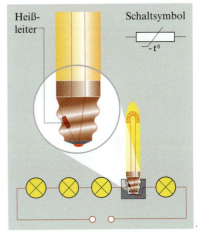

Heiß-
leiter

Schaltsymbol

$- t^0$

Heißleiter in einer Lichterkette

Supraleitung. Wird ein metallischer Leiter immer weiter abgekühlt, so nimmt sein elektrischer Widerstand immer mehr ab. Im Jahre 1911 entdeckte der niederländische Physiker HEIKE KAMERLINGH-ONNES, dass Quecksilber unterhalb von 4,2 K überhaupt keinen elektrischen Widerstand mehr besitzt. Später fand man noch viele andere Stoffe, deren elektrischer Widerstand bei sehr tiefen Temperaturen ganz verschwindet.
Der Widerstand nimmt dabei nicht gleichmäßig ab, sondern er „springt" bei einer bestimmten Temperatur plötzlich auf null (Bild 5). Diese Temperatur ist charakteristisch für den jeweiligen Stoff und wird als Sprungtemperatur bezeichnet.
Unterhalb der Sprungtemperatur befinden sich die Stoffe in einem völlig neuen Zustand. Dieser wird als supraleitender Zustand bezeichnet.

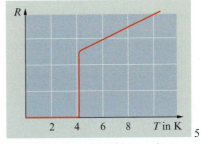

Bei 4,2 K springt der Widerstand von Quecksilber auf null.

Das Widerstandsgesetz

Der elektrische Widerstand in einem Draht entsteht dadurch, dass die wandernden Elektronen auf ihrem Weg vom Minus- zum Pluspol der Elektrizitätsquelle immer wieder mit den Metall-Ionen zusammenstoßen. Der elektrische Widerstand eines Drahtes hängt von seiner Temperatur ab (siehe Seite 88). Wovon kann der elektrische Widerstand des Drahtes außerdem abhängen?

In Frage kommen

– die Länge des Drahtes,
– der Querschnitt des Drahtes,
– das Material des Drahtes.

In den folgenden Experimenten soll die Abhängigkeit des Widerstandes von den verschiedenen Größen untersucht werden. Dabei wird jeweils eine Größe verändert und die übrigen Größen werden konstant gehalten.

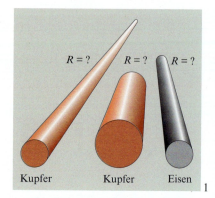

Abhängigkeit des Widerstandes von der Länge *l* des Drahtes. Um diese Abhängigkeit zu untersuchen, werden Drähte aus gleichem Material und mit gleichem Querschnitt aber mit unterschiedlicher Länge in einen Stromkreis geschaltet.

EXPERIMENT 3

1. Baue die Schaltung nach dem Schaltplan auf (Bild 2a) und lege eine Messwertetabelle an!
2. Miss die Stromstärken für drei verschiedene Längen! Die Spannung sollte stets etwa 2 V betragen.
3. Berechne aus den Messwerten für Spannung und Stromstärke jeweils den Widerstand!
4. Trage die Werte für Länge und Widerstand in ein Diagramm ein!

Länge	U in V	I in A	R in Ω

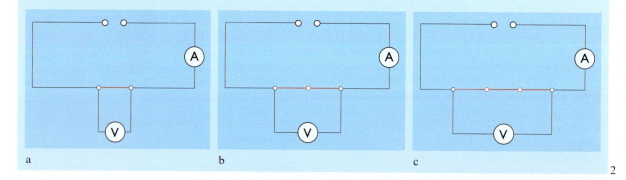

a   b   c

Das Experiment zeigt, dass ein Draht von 2 m Länge einen doppelt so großen Widerstand hat, wie ein Draht von 1 m Länge. Der Widerstand eines Drahtes ist zur Länge des Drahtes proportional: $R \sim l$.

Deutung im Modell der Elektronenleitung:
Bei einer bestimmten Stromstärke stößt in einem Drahtstück der Länge 1 cm jede Sekunde eine bestimmte Anzahl von Elektronen mit den Metall-Ionen zusammen. Für den Stromfluss in diesem Drahtstück ist ein bestimmter Antrieb erforderlich. Je länger nun der gesamte Draht ist, desto mehr solcher 1-cm-Stücke enthält er – desto mehr Antrieb ist also erforderlich, um eine bestimmte Stromstärke aufrecht zu erhalten.

Je länger der Draht ist, desto größer ist die Behinderung des Stromflusses und damit der Widerstand.

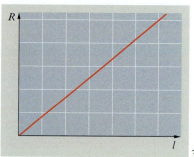

Der Widerstand ist proportional zur Länge des Drahtes.

Abhängigkeit des Widerstandes vom Querschnitt *A* des Drahtes. Im folgenden Experiment kann der Querschnitt dadurch verändert werden, dass zu einem aufgespannten Widerstandsdraht weitere, gleichartige parallel geschaltet werden. Eine andere Möglichkeit besteht darin unterschiedlich dicke Drähte zu verwenden.

EXPERIMENT 4

1. Baue die Schaltung nach dem Schaltplan auf (Bild 1a) und lege eine Messwertetabelle an!
2. Miss die Stromstärken für drei verschiedene Querschnitte! Die Spannung sollte stets etwa 2 V betragen.
3. Berechne aus den Messwerten für Spannung und Stromstärke jeweils den Widerstand!
4. Trage die Werte für Querschnitt und Widerstand in ein Diagramm ein!

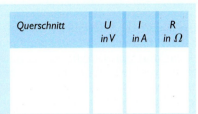

Querschnitt	U in V	I in A	R in Ω

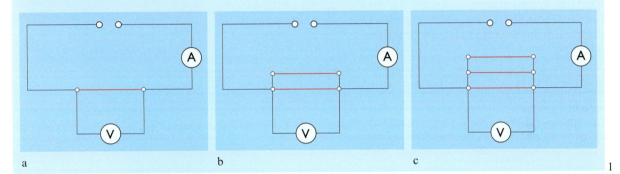

a   b   c   1

Die Produkte aus elektrischem Widerstand und Querschnitt sind jeweils konstant. Dasselbe ergibt sich, wenn man dieses Experiment mit anderen Drähten durchführt. Der Widerstand eines Drahtes ist umgekehrt proportional zur Querschnittsfläche des Drahtes: $R \sim 1/A$.

Deutung im Modell der Elektronenleitung:
Um in einem Draht eine bestimmte Stromstärke zu bewirken, ist eine bestimmte Spannung erforderlich. Dann bewegt sich pro Sekunde eine bestimmte Anzahl von Elektronen durch einen Querschnitt des Drahtes. Wird nun bei gleicher Spannung ein zweiter Draht parallel geschaltet, so wirkt auf die Elektronen in diesem Draht derselbe Antrieb wie im ersten Draht. Die Gesamtstromstärke erhöht sich, der Widerstand $R = U/I$ nimmt ab.

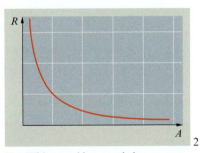

Der Widerstand ist umgekehrt proportional zum Querschnitt des Drahtes.

Abhängigkeit des Widerstandes vom Material des Drahtes. Um diese Abhängigkeit zu untersuchen, kann der gleiche experimentelle Aufbau verwendet werden wie in Bild 1a. Werden dann nacheinander Drähte gleicher Länge und gleichen Querschnitts aus unterschiedlichen Metallen untersucht, so stellt sich z. B. heraus: ein Kupferdraht hat bei sonst gleichen Abmessungen einen kleineren Widerstand als ein Eisendraht und dieser hat wiederum einen kleineren Widerstand als ein Konstantandraht.

Zusammenfassend lässt sich feststellen: Der Widerstand eines Leiters ist
– proportional zur Länge des Leiters,
– umgekehrt proportional zur Querschnittsfläche des Leiters und
– abhängig vom Material des Leiters.
Das Material kann durch eine stoffspezifische Größe gekennzeichnet werden. Diese Größe heißt *spezifischer Widerstand*. Das Formelzeichen für den spezifischen Widerstand ist ϱ (sprich: rho).

Damit lässt sich das Widerstandsgesetz formulieren:

> Für den elektrischen Widerstand eines Leiters der Länge l und dem Querschnitt A gilt: $R = \varrho \cdot \dfrac{l}{A}$.

Der spezifische Widerstand. Die Bestimmung des Widerstandes für einen Kupferdraht von 1 m Länge und 1 mm² Querschnitt ($d = 1,1$ mm) führt zu einem Wert von $R = 0,017\ \Omega$, bei einem Aluminiumdraht mit gleichen Abmessungen zu 0,028 Ω. Verzehnfacht man die Länge, so verzehnfacht sich nach dem Widerstandsgesetz auch der Widerstand des Drahtes. Der Kupferdraht hat dann einen Widerstand von 0,17 Ω, der Aluminiumdraht von 0,28 Ω. Verdoppelt man den Querschnitt, so halbiert sich aber der Widerstand (vgl. Experiment 4).

Der spezifische Widerstand ϱ gibt an, wie stark ein bestimmtes Material den elektrischen Strom behindert. Seine Einheit ist

$$\frac{\Omega \cdot \text{mm}^2}{\text{m}} .$$

Ist der spezifische Widerstand eines Materials bekannt, so kann der Widerstand eines Kabels aus diesem Material für beliebige Kabelabmessungen berechnet werden.

Der spezifische Widerstand ist temperaturabhängig. In Tabellen wird er meistens für eine Temperatur von 20 °C angegeben.

Beispiel
Wie groß ist der Widerstand einer zweiadrigen Kupferleitung („Hin- und Rückleitung") von 100 m Länge und einem Querschnitt von 1 mm²?

Gesucht: R
Gegeben: $l_{\text{ges}} = 200$ m, $A = 1$ mm²

$$\varrho_{\text{Kupfer}} = 0,017\ \frac{\Omega \cdot \text{mm}^2}{\text{m}}$$

Lösung: $R = \varrho \cdot \dfrac{l}{A}$

$$R = 0,017\ \frac{\Omega \cdot \text{mm}^2}{\text{m}} \cdot \frac{200\ \text{m}}{1\ \text{mm}^2}$$

$$\underline{\underline{R = 3,4\ \Omega}}$$

Ergebnis: Die zweiadrige Kupferleitung hat einen Widerstand von 3,4 Ω.

Dicke und kurze Kabel. Aus dem Widerstandsgesetz lässt sich erkennen, wie ein Kabel beschaffen sein sollte, das seinen Zweck optimal erfüllt. Es sollte möglichst kurz und möglichst dick sein und aus einem Material bestehen, das einen kleinen spezifischen Widerstand hat.

Da ein Kabel einen elektrischen Widerstand besitzt, wird auch im Kabel elektrische Energie in thermische Energie umgewandelt. Je größer die Stromstärke und der Widerstand sind, umso mehr erwärmt sich das Kabel. Daher sind aus Sicherheitsgründen für bestimmte Stromstärken und bestimmte Materialien Mindestquerschnitte vorgeschrieben:

Stromstärke	vorgeschriebener Mindestquerschnitt	
bis 1 A	bei Kupfer 0,1 mm²	
bis 10 A	bei Kupfer 0,75 mm²	
bis 25 A	bei Kupfer 1,5 mm²	bei Aluminium 2,5 mm²
bis 30 A	bei Kupfer 2,5 mm²	bei Aluminium 4 mm²

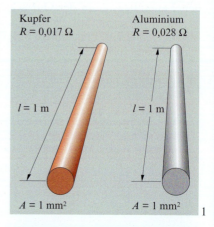

Kupfer $R = 0,017\ \Omega$ — $l = 1$ m, $A = 1$ mm²
Aluminium $R = 0,028\ \Omega$ — $l = 1$ m, $A = 1$ mm²

1

Spezifische Widerstände (bei 20 °C)	
Material	ϱ in $\frac{\Omega \cdot \text{mm}^2}{\text{m}}$
Silber	0,016
Kupfer	0,017
Gold	0,022
Aluminium	0,028
Nickel	0,068
Eisen	0,10
Nickelin	0,43
Konstantan	0,50
Graphit	14
Polyethylen	bis 10^{15}
Porzellan	bis 10^{15}
Paraffin	bis 10^{18}
Bernstein	über 10^{18}

Bauformen technischer Widerstände

Für die Herstellung technischer Widerstände werden die im Widerstandsgesetz enthaltenen Abhängigkeiten angewendet.

– $R \sim l$: Lange Drähte ergeben große elektrische Widerstände.

– $R \sim \dfrac{1}{A}$: Dünne Drähte (bzw. dünne Schichten) ergeben große elektrische Widerstände.

– R ist stoffabhängig. Widerstandsmaterialien mit einem großen spezifischen Widerstand ergeben große elektrische Widerstände.

Drahtwiderstand mit Schieberegler

Manche Widerstände werden auch heute noch wie vor 100 Jahren technisch als Drahtwicklungen auf keramischen Isolierkörpern gefertigt (Bild 1). Da sich diese Bauelemente infolge des Stromflusses erwärmen, müssen sie so gefertigt werden, dass diese Erwärmung nicht zum Schmelzen des Drahtes und damit zu einem „Durchbrennen" des Widerstandes führt. Die so genannte Belastbarkeit des Widerstandes bestimmt daher maßgeblich die Bauform.

Drahtwiderstände erfordern einen erheblichen Materialeinsatz und können sich nur begrenzt verkleinern lassen. Deshalb werden moderne Widerstände oft als Schichtwiderstände ausgeführt, bei denen eine dünne leitende Schicht auf ein Keramikröhrchen aufgedampft oder eingebrannt wird (Bild 2). Diese Schicht kann aus Materialien mit unterschiedlichen Werten für den spezifischen Widerstand bestehen. Hier wird also die Stoffabhängigkeit des elektrischen Widerstandes ausgenutzt.

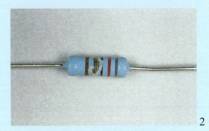

Schichtwiderstand mit teilweise entfernter Ummantelung

An einem solchen Bauelement lässt sich sowohl die Größe des elektrischen Widerstandes als auch die Toleranz für diesen Wert anhand von 4 aufgeprägten Ringen ablesen (Bild 4). Schichtwiderstände werden bis zu einem Wert von etwa 500 MΩ gebaut, während die Maximalwerte von Drahtwiderständen etwa 500 Ω betragen.

Neben Festwiderständen gibt es solche, die veränderbar sind. Sie werden als Dreh- oder Schiebewiderstände ausgeführt. In elektronischen Geräten werden sie oft als Regler eingesetzt.

In modernen elektronischen Geräten, findet man kaum noch einzelne Widerstände (Bild 3). Auf dem Chip werden sie wie alle anderen Bauelemente als Schichten mit mikroskopisch kleinen Abmessungen hergestellt, die den jeweils geforderten Widerstandswert haben.

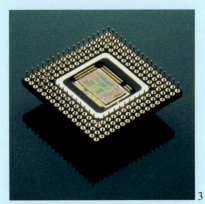

Chip mit Leiterbahnen

Ringfarbe	1. Ring 1. Ziffer	2. Ring 2. Ziffer	3. Ring Multiplikator	4. Ring Toleranz
schwarz	0	0	× 1 Ω	
braun	1	1	× 10 Ω	± 1%
rot	2	2	× 100 Ω	± 2%
orange	3	3	× 1 kΩ	
gelb	4	4	× 10 kΩ	
grün	5	5	× 100 kΩ	
blau	6	6	× 1 MΩ	
violett	7	7	× 10 MΩ	
grau	8	8	× 100 MΩ	
weiß	9	9	× 1 000 MΩ	
gold			× 0,1 Ω	± 5%
silber			× 0,01 Ω	± 10%
keine				± 20%

Beispiel

1. Ring
2. Ring
3. Ring
4. Ring

46 · 100 Ω ± 5%
= 4,6 kΩ ± 230 Ω

Farbcode von Widerständen: Auf Bauelemente mit kleinen Abmessungen kann man den Betrag des elektrischen Widerstandes oft nicht lesbar aufdrucken. Deshalb werden sie mit farbigen Ringen versehen. Aus der Kombination der Farbringe kann man den Betrag des elektrischen Widerstandes ermitteln.

Strom auf Abwegen

Widerstände im Menschen. Der menschliche Körper ist ein relativ guter Leiter für den elektrischen Strom. Dies liegt daran, dass im Blut viele Stoffe gelöst sind, wodurch die Blutbahnen sozusagen zu „Drähten im Körper" werden. Entsprechend ihres Querschnitts leiten dabei der Rumpf und die Beine besser als Arme und Hände.

Für den Strom im menschlichen Körper gibt es in den einzelnen Körperteilen so genannte *Übergangswiderstände*. Bei einer Berührung stromführender Teile schließt der menschliche Körper den Stromkreis zur Erde, er erleidet einen „Stromschlag". Unter normalen Bedingungen können dabei bereits Stromstärken von 30 mA lebensbedrohlich werden.

Die Stromstärke wächst nach der Gleichung $I = U/R$ mit wachsender Berührungsspannung und mit sinkendem Übergangswiderstand. Wird letzterer größer, so sinkt die Stromstärke. Trockene und damit kaum leitfähige Hände sowie isolierendes Schuhwerk verringern deshalb die Gefahren. Der Übergangswiderstand erhöht sich auf mehrere Kiloohm. Der sicherste Schutz sind aber so genannte Schutz-Kleinspannungen. Sie betragen 42 V für Wechsel- und 60 V für Gleichspannung. Schülerexperimente werden mit noch geringeren Spannungen durchgeführt.

Körperschluss. Wenn durch einen Defekt bei einem elektrischen Gerät das Metallgehäuse mit dem Zuleitungskabel leitend verbunden ist, spricht man von einem Körperschluss. Das Gerät funktioniert dabei möglicherweise fehlerfrei. Ist das Metallgehäuse geerdet, so fließt sofort bei Körperschluss ein starker Strom zur Erde. In der Regel wird dann der Stromkreis von der Sicherung unterbrochen.

Ist das Gehäuse aber nicht geerdet, so besteht bei Berührung des Gerätes Lebensgefahr. Der Strom fließt dann durch den menschlichen Körper zur Erde (siehe S. 106). In diesem Fall ist die Stromstärke aber nicht so hoch, dass eine gewöhnliche Sicherung den Stromkreis unterbricht. Lebensgefahr besteht schon bei Stromstärken von etwa 30 mA. Die „normale" Sicherung spricht aber erst bei z. B. 10 A an!

FI-Schalter. Die Gefahr, die von einem nicht geerdeten Gerät ausgeht, kann durch einen so genannten Fehlerstrom-Schutzschalter (kurz FI-Schalter) beseitigt werden. Seine Wirkungsweise beruht darauf, dass in den beiden Leitungen direkt an der Elektrizitätsquelle, die Stromstärke gleich groß ist. Die magnetische Wirkung des Stromes in den Spulen 1 und 2 (Hin- und Rückleitung) ist gleich groß. Dadurch wird der Schalter in der Mittelstellung gehalten.

Die Bilder 2 und 3 zeigen das Prinzip.

Typische Übergangswiderstände am menschlichen Körper	
Stromweg	Widerstand
von Hand zu Hand	650 Ω
von einer Hand zu einem Fuß	1300 Ω
von einer Hand zu beiden Füßen	975 Ω
von beiden Händen zu beiden Füßen	650 Ω

Sicherungsautomat. Eine Schmelzsicherung ist nur einmal zu gebrauchen. Im Haushalt werden daher zumeist Sicherungsautomaten eingesetzt, in denen die magnetische Wirkung und die Wärmewirkung des Stromes genutzt werden.

Der Elektromagnet öffnet den Stromkreis bei plötzlicher Erhöhung des Stromes; der Bimetallstreifen schaltet den Stromkreis bei langsamer Vergrößerung des Stromes aus. In beiden Fällen wird ein Schalter betätigt, der den Stromkreis unterbricht.

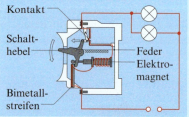

1

Fließt ein Teil des Stromes z. B. über einen menschlichen Körper zur Erde ab, so ist in der einen Spule die magnetische Wirkung größer als in der anderen. Der Schalter unterbricht den Stromkreis. Die Empfindlichkeit der FI-Schalter ist so hoch, dass sie bereits bei einem Fehlerstrom von 10 mA innerhalb von 0,1 s ansprechen.

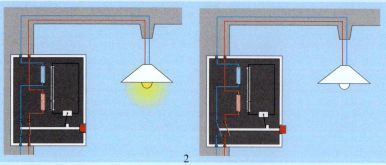

2   3

Die Entdeckung der Supraleitung

Wie viele andere Phänomene wurde auch die Supraleitung zufällig entdeckt, und zwar vom niederländischen Physiker HEIKE KAMERLINGH-ONNES (Bild 1). KAMERLINGH-ONNES war ein Spezialist für die Erzeugung tiefer Temperaturen, 1908 gelang ihm erstmals die Verflüssigung des Edelgases Helium. Mithilfe des flüssigen Heliums konnte er Materialeigenschaften auch unterhalb von 4 Kelvin untersuchen.

Im Jahre 1911 beschäftigte er sich mit dem elektrischen Widerstand von Quecksilber bei tiefen Temperaturen. Eigentlich erwartete er, dass der Widerstand „unendlich groß" werden müsste, da nach damaligem Wissensstand bei sehr tiefen Temperaturen keine beweglichen Elektronen mehr für den Stromfluss zur Verfügung stehen sollten. Umso erstaunter war er, dass genau das Gegenteil eintrat. Unterhalb einer Temperatur von 4,2 K war bei Quecksilber kein elektrischer Widerstand mehr feststellbar.

Die Bedeutung dieser Entdeckung wurde schnell erkannt: Ohne Widerstand transportiert der Strom die Energie vollkommen verlustfrei. Für seine Leistung erhielt KAMERLINGH-ONNES bereits zwei Jahre später den Nobelpreis.

H. KAMERLINGH-ONNES (1853–1926)

Supraleitung in der Forschung. Lange Zeit waren nur Stoffe bekannt, in denen die Supraleitung erst unterhalb von 20 K auftritt. Für solche Temperaturen sind extrem aufwändige Kühlanlagen erforderlich. Dennoch wird die Supraleitung seit etwa 1960 in der naturwissenschaftlichen Forschung eingesetzt: Um starke Magnetfelder zu erzeugen, braucht man Spulen, in denen extrem starke Ströme fließen. Konventionelle Spulen würden sich dabei übermäßig aufheizen – supraleitende Spulen dagegen besitzen keinen elektrischen Widerstand und heizen sich daher nicht auf. Auch die großen Teilchenbeschleuniger wie HERA in Hamburg, mit denen die Bestandteile der Atome untersucht werden, arbeiten mit supraleitenden Spulen (Bilder 3–5).

Hochtemperatur-Supraleiter. Seit 1986 wurden immer mehr Substanzen entdeckt, die schon bei höheren Temperaturen supraleitend werden (Bild 2). Oberhalb von 77 K können diese so genannten Hochtemperatur-Supraleiter bereits mit flüssigem Stickstoff gekühlt werden; dies ist wesentlich günstiger als die Kühlung mit Helium. Allerdings ist handelt es sich bei den Hochtemperatur-Supraleitern zumeist um spröde keramische Materialien, die nur schwer zu verarbeiten sind.

Ob eines Tages ein Material gefunden wird, das bereits bei Zimmertemperatur supraleitend ist, bleibt fraglich. Für einen großtechnischen Einsatz, beispielsweise die verlustfreie Energieversorgung von Wohnungen oder Industrieanlagen, müsste dieses Material außerdem kostengünstig und leicht zu verarbeiten sein.

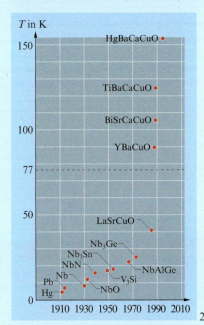

T in K

Entwicklung der Sprungtemperatur-Rekorde

Supraleitende Magnetspulen im Teilchenbeschleuniger HERA (rot u. gelb)

Die Kabel der Spulen bestehen aus 24 Bündeln zu je 1000 NbTi-Fasern.

Kälteanlage für die Heliumversssorgung von HERA

Die Entdeckung des Elektrons

Das Modell der Elektronenleitung in Metallen benutzen wir heute selbstverständlich und erfolgreich zur Erklärung des Widerstandes. Vor etwas mehr als 100 Jahren war dagegen noch sehr umstritten, auf welche Weise die elektrische Ladung durch einen Draht transportiert wird. Auch gab es damals erst wenige Belege, die den Aufbau der Stoffe aus Atomen stützten. Dem englischen Physiker JOSEPH JOHN THOMSON gelang ein erster Einblick ins Innere des Atoms. Er wurde 1906 mit dem Nobelpreis ausgezeichnet.

Das Licht der Gasentladungsröhren. Der Ausgangspunkt von THOMSONS Untersuchungen waren so genannte Gasentladungsröhren, in denen durch elektrischen Strom in verdünnten Gasen wunderbare und farbenprächtige Leuchterscheinungen hervorgerufen werden können. Mit kunstvoll geformten Röhren (Bild 2) wurden seit der Mitte des 19. Jahrhunderts die Zuschauer auf Jahrmärkten und bei wissenschaftlichen Vorträgen begeistert. Pumpte man das Gas aus den Röhren heraus, verschwand auch das Leuchten. Jedoch leuchtete nun die der Katode gegenüberliegende Glaswand: Die Katodenstrahlröhre war erfunden.

Die Natur dieses Leuchtens blieb lange umstritten. Handelte es sich um eine Art Licht oder um geladene Teilchen, die von der Katode abgegeben wurden und gegen die Glaswand prallten? Die Geradlinigkeit der Ausbreitung ließ sich mit beiden Annahmen erklären. Für Teilchen sprach die Entdeckung, dass die Strahlen durch dünne, undurchsichtige Metallfolien hindurchgingen. Dagegen sprach allerdings, dass es nicht gelang, sie durch elektrisch geladene Körper abzulenken.

Drei wichtige Experimente. Viele Physiker arbeiteten an diesem Problem, aber erst THOMSON gelang es, mit drei berühmten Experimenten einen entscheidenden Beitrag zu seiner Klärung zu leisten:

Im ersten Experiment lenkte er den Katodenstrahl in einen Metallbecher, der mit einem Elektroskop verbunden war. Das Elektroskop zeigte eine Ladung an, wenn der Becher von dem Katodenstrahl getroffen wurde.

Im zweiten Experiment konnte THOMSON zeigen, dass Katodenstrahlen doch elektrisch abgelenkt werden können. Dabei benutzte er neuartige Pumpen, mit denen er das Gas in der Röhre stark verdünnen konnte.

Schließlich gelang es THOMSON zu messen, wie stark sich die Katodenstrahlen ablenken lassen. Daraus konnte er zwar nicht die Masse der Strahlteilchen bestimmen, aber immerhin das Verhältnis aus ihrer Masse und ihrer Ladung. Und dieses Verhältnis erwies sich um mehr als 1 000fach kleiner als bei den Teilchen, die bei der Elektrolyse die Ladung transportieren.

Drei Hypothesen. THOMSON stellte 1897 aufgrund seiner Experimente die folgenden Hypothesen auf:

1. Katodenstrahlen bestehen aus geladenen Teilchen (THOMSON nannte sie „Korpuskeln").
2. Diese Teilchen sind Bestandteil aller Atome.
3. Die Atome sind allein aus diesen Teilchen aufgebaut. Er stellte sich eine riesige Anzahl negativ geladener Teilchen vor, die in eine Wolke aus masseloser positiver Ladung eingebettet seien wie Rosinen in einem Kuchen.

THOMSON war bewusst, dass seine Experimente zwar Argumente für diese Vermutungen lieferten, jedoch keine Beweise. Tatsächlich hat sich die dritte Hypothese später als falsch herausgestellt – wodurch aber die große Leistung von THOMSON keineswegs geschmälert wird.

JOSEPH JOHN THOMSON (1856–1940)

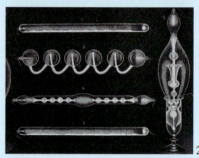

Verschiedene Gasentladungsröhren

Schon gewusst?

Die von THOMSON verbesserten Katodenstrahlröhren waren Ausgangspunkt für eine Reihe technischer Entwicklungen, die heute aus unserem Leben nicht mehr wegzudenken sind: Mit **Oszilloskopen** werden die unterschiedlichsten Signale gemessen, die sich mit der Zeit ändern; z. B. die in der Überwachungsstation eines Krankenhauses. Und die **Bildröhren** unserer Fernseher und Computermonitore sind nichts anderes als weiter entwickelte Katodenstrahlröhren.

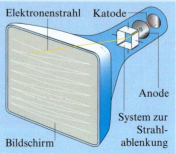

AUFGABEN

1. Wie groß sind die Widerstände, die bei einer Spannung von 12 V zu einer Stromstärke von 0,5 A, 2 A bzw. 100 mA führen?

2. Bei einer 230-V-Sparlampe beträgt die Stromstärke nur 22 mA. Bei einer Autoglühlampe lauten die Angaben 12 V und 417 mA. Vergleiche Leistungen und Widerstände dieser Lampen!

3. Der Übergangswiderstand am menschlichen Körper von der Hand zum Fuß kann mit etwa 2 kΩ angenommen werden. 30 mA können bereits lebensgefährlich sein! Was folgt aus diesen Zahlenangaben für die zulässige Berührungsspannung?

4. Wie muss die Länge eines Drahtes oder sein Querschnitt verändert werden, damit sein elektrischer Widerstand verdoppelt, verzehnfacht oder halbiert wird?

5. Welchen Widerstand hat eine 50 m lange zweiadrige Verlängerungsleitung aus Kupfer mit einem Leitungsquerschnitt von 1,5 mm²? Beachte, dass für einen geschlossenen Stromkreis beide Adern notwendig sind!

6. Überlege, welche Funktion Widerstände in Stromkreisen haben! Welche Widerstandswerte haben die Verbindungsleitungen im Vergleich zu den Widerständen der Bauteile und Geräte?

7. Erläutere mithilfe des Modells der Elektronenleitung, weshalb sich Leitungen durch den Stromfluss erwärmen! Wie hängt diese Erwärmung vom Betrag der Stromstärke ab?

8. Durch eine Heizwendel aus Konstantan (Querschnittsfläche des Drahtes 0,1 mm²) fließt bei einer Spannung von 230 V ein Strom mit einer Stärke von 0,435 A. Welche Länge hat die Wendel?

9. Eine unterirdisch verlegte zweiadrige Telefonleitung aus Kupfer (A = 0,5 mm²) ist beschädigt, sodass sich die beiden Adern berühren. In welcher Entfernung muss gegraben werden, wenn ein Widerstandsmesser für die beschädigte Leitung einen Widerstand von 6,5 Ω anzeigt?

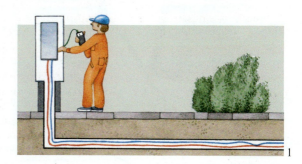

1

10. Was meinen Elektriker, wenn sie sagen: Verteile „dick nach dünn"?

11. Der elektrische Widerstand eines zweiadrigen Verlängerungskabels (Trommel mit 50 m Kabel) soll unter 1,5 Ω liegen. Welche Querschnitte sollten die Adern haben, wenn sie aus Kupfer bzw. aus Aluminium bestehen.

12. Zwei Drähte aus demselben Material haben die gleiche Länge. Wie verhalten ich ihre Widerstände bei einem Verhältnis der Durchmesser von 1 : 2?

13. Ein Widerstandsdraht (R = 6 Ω) wird an eine 12-V-Spannungsquelle angeschlossen. Berechne die Stromstärke! Wird dieser Widerstand an 230 V angeschlossen, so glüht er auf und wird zerstört. Gib eine Begründung für dieses Verhalten!

ZUSAMMENFASSUNG

Der elektrische Widerstand gibt an, wie stark ein Leiter den Stromfluss behindert.

$$\text{elektrischer Widerstand} = \frac{\text{Spannung am Bauelement}}{\text{Stromstärke im Bauelement}} \qquad R = \frac{U}{I}$$

Formelzeichen: R

Einheit: Ω, $1\,\Omega = 1\,\dfrac{V}{A}$

Widerstandsgesetz: $R = \varrho \cdot \dfrac{l}{A}$

0,04 Ω

1 Ω

45 Ω

Der spezifische Widerstand ϱ gibt an, wie gut ein bestimmtes Material den elektrischen Strom leitet.

Einheit von ϱ: $\dfrac{\Omega \cdot mm^2}{m}$

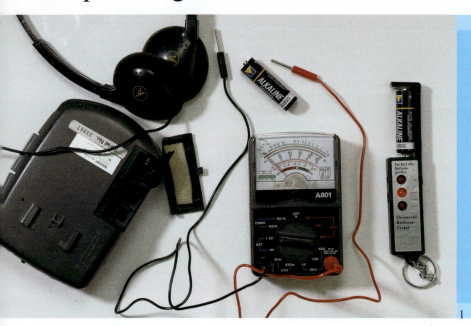

Bei jedem Walkman hört der Spaß irgendwann auf: Die Musik wird undeutlich, die Kassetten fangen an zu leiern. Dann sind die Batterien verbraucht, ihre Spannung ist zu stark abgesunken. Dies lässt sich mit einem Batterietester nachprüfen. Nur wenn die Spannung den vorgesehenen Wert hat, ist die Stromstärke im Walkman groß genug für einen einwandfreien Betrieb.

1

Kennlinien verschiedener Bauelemente

Die meisten elektrische Bauelemente erwärmen sich, sobald ein Strom hindurch fließt. Diese Temperaturänderung hat Auswirkungen auf den elektrischen Widerstand der Bauelemente (vgl. S. 88 f.)

Bei vielen elektrischen Bauelementen wie Lampen und Motoren ist es schwierig vorherzusagen, welche Spannung die Quelle in einer Schaltung haben muss, damit sich eine bestimmte Stromstärke einstellt. Ebenso ist die Vorhersage schwierig, welche Stromstärke sich einstellen wird, wenn ein Verbraucher an eine Quelle mit einer bestimmten Spannung angeschlossen wird. Man muss dafür die ganze Kennlinie des Bauelements kennen. Die Kennlinie stellt den Zusammenhang zwischen anliegender Spannung und Stromstärke in einem Bauelement dar.

Im folgenden Experiment soll der Zusammenhang zwischen Spannung und Stromstärke für zwei Bauelemente untersucht werden. Der Draht einer Glühlampe besteht aus Metall, ein Thermistor dagegen aus dem Halbleitermaterial Silicium (vgl. S. 89).

EXPERIMENT 1
1. Baue die Schaltung nach dem Schaltplan auf!
2. Ermittle für die Glühlampe die Messwertpaare $I(U)$ von 0 V bis 6 V! Wiederhole dies für den Thermistor!
3. Übertrage die Messwertpaare für die Glühlampe und für den Thermistor in ein I-U-Diagramm!
4. Verbinde jeweils die Messwertpunkte für die beiden Bauelemente im Diagramm zu Kennlinien!
5. Berechne die Widerstandswerte zu den jeweiligen Messwertpaaren für beide Bauelemente!

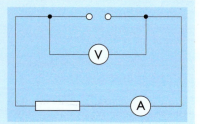

2

In der Glühlampe steigt die Stromstärke mit zunehmender Spannung immer schwächer an. Die Kennlinie verläuft gekrümmt. Anhand der berechneten Widerstände wird deutlich, dass sich der Widerstand des Glühdrahtes mit zunehmender Temperatur erhöht.

Beim Thermistor hingegen steigt die Stromstärke mit zunehmender Spannung immer stärker. Die Kennlinie ist entgegengesetzt zu der der Glühlampe gekrümmt. Diese Krümmung ergibt sich, weil der Widerstand mit zunehmender Temperatur sinkt.

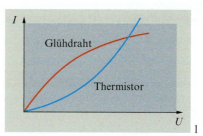

Kennlinie von Glühdraht und Thermistor

Das Ohm'sche Gesetz

Um die gezielte Einstellung bestimmter Stromstärken zu ermöglichen, gibt es spezielle Bauelemente mit besonders einfachen Kennlinien. In ihnen befindet sich z.B. ein Röhrchen aus einem Isolator, auf das eine leitende Graphitschicht aufgedampft ist (Bild 2).

Die Kennlinien solcher Bauelemente können mit der gleichen Schaltung wie im Experiment 1 untersucht werden. Dabei ergeben sich zum Beispiel die folgenden Messwerte.

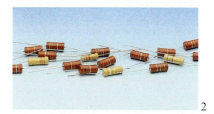

U in V	0	1	2	3	4	5	6
I in A	0	0,12	0,25	0,38	0,50	0,63	0,75
U/I in V/A	–	8,3	8,0	7,9	8,0	7,9	8,0

Die Messwertetabelle und die Kennlinie im Bild 3 zeigen, dass für diese Bauelemente I proportional zu U ist: Die Kennlinie ist eine Gerade, die durch den Ursprung verläuft. Wiederholt man dieses Experiment mit anderen Bauelementen, so können auch hier die Messwertepaare in einem Diagramm jeweils auf Geraden liegen. Die Geraden verlaufen jedoch unterschiedlich steil (Bild 4).

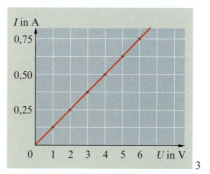

Auch an metallischen Leitern kann man Kennlinien aufnehmen, die gerade verlaufen. Voraussetzung hierfür ist allerdings, dass die Leiter sich ihre Temperatur nicht ändern. Dazu müssen die Leiter zum Beispiel in einem Wasserbad gekühlt werden.

Dieser Zusammenhang wird nach seinem Entdecker GEORG SIMON OHM als Ohm'sches Gesetz bezeichnet.

> Ohm'sches Gesetz:
> Die elektrische Stromstärke in speziellen Leitern ist der anliegenden elektrischen Spannung proportional: $I \sim U$.
> Bedingung: Die Temperatur des Leiters bleibt konstant.

Konstantan. Verwendet man im Experiment 1 als Widerstandsbauelement einen Draht aus Konstantan, so erwärmt sich auch dieser durch den Stromfluss. Für ihn ergibt sich jedoch trotz der Temperaturerhöhung eine gerade Kennlinie.

Konstantan ist eine Legierung, die zu etwa 55 Prozent aus Kupfer und 45 Prozent aus Nickel besteht. Sie wurde speziell mit dem Ziel entwickelt, dass sich der Widerstand nicht mit der Temperatur ändert. Für Konstantandrähte gilt also das Ohm'sche Gesetz unabhängig von der Temperatur – wiederum mit der Einschränkung: Beliebig groß darf die Stromstärke auch in ihnen nicht werden.

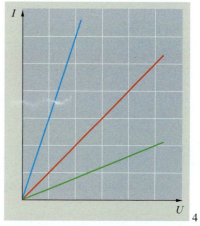

I-U-Diagramm für verschiedene Leiter

Leben und Leistungen
von GEORG SIMON OHM

Am 16. März 1789 wurde GEORG SIMON OHM in der Stadt Erlangen als ältester Sohn eines Schlossermeisters geboren. Die Familie lebte in ärmlichen Verhältnissen. Trotzdem sorgte sein Vater dafür, dass er sich zusammen mit seinem jüngeren Bruder in der Freizeit mit den Naturwissenschaften beschäftigen und wissenschaftliche Bücher lesen konnte.

Bereits mit 16 Jahren begann er in seiner Heimatstadt an der Universität Erlangen Mathematik und Physik zu studieren. Nach Abschluss seines Studiums arbeitete er als Gymnasiallehrer, zunächst in Bamberg und ab 1817 an einem Gymnasium in Köln. Zu dieser Zeit fanden die Erscheinungen der Elektrizität und des Magnetismus großes Interesse. Auch OHM beschäftigte sich intensiv damit.

10 Jahre lang experimentierte er mit Stromkreisen und Leitern. Er untersuchte den Zusammenhang zwischen der „erregenden Wirkung der Elektrizität", wir sagen heute Spannung dazu, und der magnetischen Wirkung des Stromes, die von der Stromstärke abhängt.

Es gab aber damals noch keine geeigneten Messgeräte für die Stromstärke. OHM entwickelte daher ein eigenes sogenanntes Galvanometer, in dem durch den elektrischen Strom eine Magnetnadel ausgelenkt wird. Die Auslenkung der Nadel wuchs mit zunehmender Stromstärke.

Ebenso gab es um 1820 noch keine zuverlässigen Spannungsquellen. Selbst bei den von VOLTA entwickelten galvanischen Elementen änderte sich die Spannung je nachdem, wie groß die Stromstärke war. Das Problem einer zuverlässigen Spannungsquelle konnte OHM erst lösen, nachdem ihn ein Freund auf den im Jahre 1822 von KARL SEEBECK entdeckten thermoelektrischen Effekt aufmerksam gemacht hatte.

Dieser Effekt tritt bei zwei Drähten aus unterschiedlichen Metallen mit fest zusammengefügten Enden auf, wenn diese Enden unterschiedliche Temperaturen aufweisen. Im Stromkreis aus den beiden Drähten fließt dann ein Strom. Unterbricht man diesen Kreis, so besteht an der Stelle der Unterbrechung eine Spannung. Der Betrag der Spannung ist umso größer, je größer der Temperaturunterschied zwischen den beiden zusammengefügten Enden ist. Durch Messdrähte, die an der Stelle der Unterbrechung eingeschaltet werden, wird die Stromstärke verändert.

Bild 2 zeigt das Prinzip der von OHM selbst gebauten Apparatur. Damit beide Enden eine konstante Temperatur hatten, brachte er das eine in siedendes Wasser, das andere Ende kühlte er in einer Eis-Wasser-Mischung. Auch dies war damals nicht einfach: Eis gab es nur im Winter.

Aus vielen Messreihen heraus erkannte OHM 1826 das später nach ihm benannte Gesetz. Obwohl er schon 1827 ein Buch über seine Ergebnisse veröffentlichte, musste er auf die Anerkennung seiner großen Leistung noch viele Jahre warten. Es wurde kritisiert, dass auch OHM nicht erklären konnte, wodurch ein Strom eigentlich zustande kommt. Dies war jedoch gar nicht das Anliegen von OHM, der lediglich seine Ergebnisse mathematisch genau beschreiben wollte.

Erst Auszeichnungen aus Frankreich und England führten dazu, dass man OHM auch in Deutschland würdigte. 1849 wurde er als Professor an die Universität nach München berufen. Dort beschäftigte er sich mit vielen Gebieten der Physik, konnte aber sein geplantes vierbändiges Werk „Beiträge zur Molekularphysik" nicht mehr vollenden. 1854 starb GEORG SIMON OHM an einem Schlaganfall.

GEORG SIMON OHM (1789–1854)

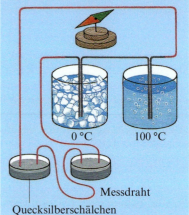

0 °C   100 °C

Messdraht

Quecksilberschälchen

OHMS Experimentieranordnung

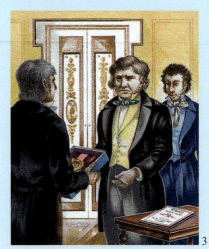

OHM erhält die Copley-Medaille

AUFGABEN

1. Berechne zu den 4 Bauelementen aus den angegebenen Spannungen und Stromstärken die Quotienten U/I und stelle die Messwertepaare jeweils in einem Diagramm dar!
Für welche Bauelemente gilt das Ohm'sche Gesetz? Begründe!

Elektrische Stromstärke in den Bauelementen				
Spannung:	2 V	4 V	6 V	8 V
Bauelement 1	0,17 A	0,30 A	0,35 A	0,37 A
Bauelement 2	0,23 A	0,45 A	0,70 A	0,93 A
Bauelement 3	0,65 A	0,85A	1,05 A	1,25 A
Bauelement 4	0,03 A	0,06 A	0,09 A	0,12 A

2. Ergänze die folgenden Tabellen unter der Voraussetzung, dass das Ohm'sche Gesetz für diese Bauelemente gilt!

a)

U in V	0	5	15	...	...
I in mA	0	100	...	450	1000

b) $\dfrac{U}{I} = 25 \,\dfrac{V}{A}$

U in V	5	...	230	...
I in A	...	0,5	...	1,5

3. Elektrische Haushaltsgeräte funktionieren in einem kühlen Keller genauso wie auf einem heißen Dachboden. Was kannst du daraus folgern?

4. Erkundet, warum eine Weidezaunanlage, die immerhin „Spannungsspitzen" von bis zu 1000 V liefert, trotzdem nur ein unangenehmes „Kribbeln" bewirkt!

5. Nenne einige der Schwierigkeiten, mit denen GEORG SIMON OHM bei seinen Experimenten zu kämpfen hatte!

6. An vielen Elektrogeräten gibt es einen Wahlschalter, mit dem man das Gerät auf die Spannung im Leitungsnetz einstellen kann. Was würde geschehen, wenn du ein Gerät auf 120 V einstellst und es an die Steckdose anschließt?

7. Die ersten Glühlampen (Kohlefadenlampen) waren für eine Spannung von 55 V ausgelegt. Das Stromnetz wies ebenfalls diese Spannung auf. Später wurde dann die Spannung des Leitungsnetzes auf 220 V erhöht. Wie mussten die Kohlefadenlampen deshalb geschaltet werden?
Seit 1987 beträgt die Spannung im Netz 230 V. Überlege, welche Auswirkungen eine plötzliche Wiedereinführung einer Netzspannung von 55 V hätte!

1

8. Bild 2 zeigt die Kennlinien für verschiedene Bauelemente.
   a) Stelle Vermutungen darüber auf, aus welchem Material die Bauelemente jeweils bestehen könnten!
   b) Gib an, für welche Bauelemente das Ohm'sche Gesetz gilt und begründe deine Angaben!
   c) Deute die Kurven für die ersten drei Bauelemente jeweils mithilfe deiner Kenntnisse über die Elektronenleitung!

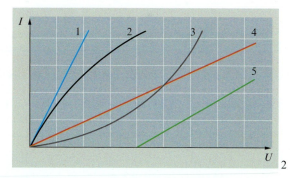

2

ZUSAMMENFASSUNG

Je größer die Spannung U der Elektrizitätsquelle ist, umso größer ist die Stromstärke I im Stromkreis.

Für metallische Leiter gilt bei konstanter Temperatur das Ohm'sche Gesetz:
Die elektrische Stromstärke im Leiter ist der am Leiter anliegenden Spannung proportional: $I \sim U$.

Funkferngesteuerte Autos haben einen 9-V-Akkumulator.
Solche Fahrzeuge gibt es mit Elektromotoren mit unterschiedlicher Leistung zu kaufen.
Wovon hängt die elektrische Leistung ab?

1

Elektrische Leistung

In der Mechanik gibt die Leistung an, wie viel mechanische Energie in einer bestimmten Zeit umgewandelt wird. Auch ein Elektromotor wandelt Energie um, wenn er z. B. eine Last anhebt (Bild 2).
Da hierfür Elektrizität notwendig ist, sagt man, der Motor hat eine elektrische Leistung. Die Festlegung für die mechanische Leistung lässt sich auf elektrische Geräte übertragen.

> Die elektrische Leistung P_{el} eines Gerätes gibt an, wie viel elektrische Energie das Gerät in einer bestimmten Zeit umwandelt.

Die Abhängigkeit der elektrischen Leistung von Größen im Stromkreis. In einem Experiment soll untersucht werden, wie die elektrische Leistung von der Spannung und von der Stromstärke abhängt. Für den Vergleich der Leistung werden gleichartige Glühlampen eingesetzt. Bei gleicher Helligkeit haben diese Glühlampen jeweils die gleiche Leistung.

2

EXPERIMENT 1

1. Eine Glühlampe wird an die 6-V-Buchsen einer Elektrizitätsquelle angeschlossen. Spannung und Stromstärke werden gemessen.

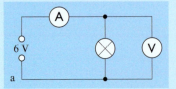

2. Zwei Glühlampen werden parallel an die 6-V-Buchsen einer Elektrizitätsquelle angeschlossen. Spannung und Stromstärke werden gemessen.

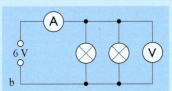

3. Zwei Glühlampen werden in Reihe an die 12-V-Buchsen einer Elektrizitätsquelle angeschlossen. Spannung und Stromstärke werden gemessen.

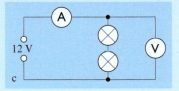

Vergleiche jeweils die Gesamthelligkeit (also die Leistung) mit den Messwerten!

3

In allen drei Fällen leuchten die einzelnen Glühlampen gleich hell. Die Messwerte für Stromstärke und Spannung können z. B. folgendermaßen ausfallen:

Anzeige der Messgeräte	Spannung	6 V	Spannung	6 V	Spannung	12 V
	Stromstärke	1 A	Stromstärke	2 A	Stromstärke	1 A
Anzahl der gleich hell leuchtenden Lampen	eine		zwei		zwei	

Das Experiment kann auch mit drei Lampen wiederholt werden. Dabei stellt man fest, dass diese gleich hell bei dreifacher Stromstärke (Parallelschaltung, U bleibt unverändert) oder bei dreifacher Spannung (Reihenschaltung, I bleibt unverändert) leuchten.

Das Experiment 1 zeigt, dass die Leistung umso größer wird,
– je größer bei konstanter Spannung die Stromstärke und
– je größer bei konstanter Stromstärke die Spannung wird.

Weitere Untersuchungen belegen, dass die Leistung elektrischer Geräte P_{el} proportional zur anliegenden Spannung U und proportional zur Stromstärke I ist.

> Die elektrische Leistung eines Gerätes ist umso größer, je größer die Stromstärke und die anliegende Spannung sind. Es gilt: $P_{el} = U \cdot I$.

Leistungsmesser

In der Gleichung $P_{el} = U \cdot I$ kommen die experimentell ermittelten Proportionalitäten zum Ausdruck: $P_{el} \sim U$ und $P_{el} \sim I$.

Die elektrische Leistung hat die Einheit Watt (W). Es gilt:
1 W = 1 V · A. Da diese Einheit sehr klein ist, werden in der Praxis oft Vielfache verwendet, z. B. Kilowatt (kW) oder Megawatt (MW).

Zur Leistungsbestimmung kann man Spannung und Stromstärke getrennt messen und anschließend die Größen multiplizieren. Zur direkten Messung gibt es auch Messgeräte, die Leistungsmesser heißen (Bild 1). Diese Geräte haben je ein Buchsenpaar für die Spannung U und für die Stromstärke I. Der Skalenwert entspricht dem Produkt dieser beiden Größen.

Typenschild

Berechnen der elektrischen Leistung. Einige typische Leistungsangaben für elektrische Geräte zeigt die nebenstehende Tabelle. Bei vielen Geräten findest du die Leistungsangabe auf dem Typenschild (Bild 2) oder in der Bedienungsanleitung. Die angegebene Leistung hat das Gerät jedoch nur dann, wenn die vorgegebene Betriebsspannung eingehalten wird. Bei zu kleiner Spannung ist die Stromstärke zu gering. Die zu geringe Leistung erkennst du an einer mangelhaften Funktion. Z.B. leuchtet dann eine Glühlampe nur schwach. Bei zu großer Spannung tritt in der Regel eine Überhitzung des Gerätes auf, da die Stromstärke zu groß wird.

Beispiel
An einer Glühlampe wird eine Spannung von 6 V und eine Stromstärke von 0,83 mA gemessen. Welche Leistung hat die verwendete Glühlampe?

Gesucht: P_{el} *Lösung:* $P_{el} = U \cdot I$
Gegeben: $U = 6$ V $P_{el} = 6$ V $\cdot$ 0,83 A
         $I = 0,83$ A $\underline{\underline{P_{el} = 5 \text{ W}}}$

Ergebnis: Die Leistung der Glühlampe beträgt 5 W.

Leistung einiger Geräte	
Gerät	Leistung
Quarzuhr	1 μW
Taschenrechner	0,5 mW
Telefon	0,1 W
Spielzeugmotor	1 W
Fahrradlampe	2,4 W
Fahrraddynamo	3 W
Faxgerät	50 W
Fernseher	120 W
Toaster	750 W
Staubsauger	1000 W
Föhn	1200 W
Waschmaschine	2 000 W
Straßenbahn	160 kW
E-Lok	5 MW

Elektrische Energie

Elektrogeräte nutzen wir ständig, sie nehmen uns viele Tätigkeiten ab und setzen die vom Elektrizitätswerk bereit gestellte elektrische Energie in andere Energieformen um. Für die elektrische Energie müssen wir beim Elektrizitätswerk bezahlen. Wer hier etwas sparen will, muss wissen, wovon die notwendige elektrische Energie abhängt und wie sie berechnet wird.

1

Die Abhängigkeit der elektrischen Energie von Größen im Stromkreis. Immer wenn ein Strom durch Bauelemente und Verbindungsleitungen eines Stromkreises fließt, wird elektrische Energie umgewandelt. Diese Energieumwandlung führt zu Wirkungen, die man oft direkt beobachten kann: Ein Elektromotor hebt eine Last, eine Lampe sendet Licht aus, eine Herdplatte gibt Wärme ab.

Die elektrische Energie kann mithilfe der elektrischen Leistung bestimmt werden. Die Leistung gibt an „wie schnell" die Energie umgewandelt wird: $P_{el} = E_{el}/t$. Also ist $E_{el} = P_{el} \cdot t$. Ebenso wie die elektrische Leistung kann auch die elektrische Energie mithilfe der Größen Spannung und Stromstärke ermittelt werden.

> Die umgewandelte elektrische Energie ist umso größer, je größer die anliegende Spannung und die Stromstärke im Gerät sind und je größer die Zeit ist, in der der Strom fließt. Es gilt:
>
> $E_{el} = P_{el} \cdot t$
> $E_{el} = U \cdot I \cdot t$

Die Einheit der elektrischen Energie ist Joule (J). Häufig wird aber auch die Einheit Wattsekunde (W·s) verwendet. Es gilt: $1\ W \cdot s = 1\ V \cdot A \cdot s = 1\ J$. Eine viel größere Einheit für die elektrische Energie ist die Kilowattstunde (kW·h). Eine Kilowattstunde wird umgewandelt, wenn ein Gerät mit 1000 W eine Stunde lang in Betrieb ist. Es gilt also für die Umrechnung: $1\ kW \cdot h = 1000\ W \cdot 3600\ s = 3\,600\,000\ W \cdot s$. Also $1\ kW \cdot h = 3600\ kJ$.

Berechnen und Messen der umgewandelten elektrischen Energie. Wenn die Leistung des verwendeten Gerätes bekannt ist, kann die elektrische Energie mithilfe der Zeit berechnet werden, die das Gerät in Betrieb ist.

Beispiel
Welche elektrische Energie wird in einem Wasserkocher ($P_{el} = 1\ kW$) umgewandelt, der 5 Minuten lang in Betrieb ist?
Die elektrische Energie wird dabei in Wärme umgewandelt.

Gesucht: E_{el}
Gegeben: $P_{el} = 1\ kW$
$t = 5\ min = 300\ s$

Lösung: $E_{el} = P_{el} \cdot t$
$E_{el} = 1000\ W \cdot 300\ s$
$E_{el} = 300\,000\ W \cdot s = 300\ kJ$
$\underline{E_{el} = 0,08\ kW \cdot h}$

2

Ergebnis: Im Wasserkocher wird eine elektrische Energie von 0,08 kW · h umgewandelt.

Als Messgerät für die elektrische Energie kennst du von zu Hause den **Elektrizitätszähler**; man nennt ihn auch Kilowattstundenzähler. Der gesamte Strom, der bei euch durch die elektrischen Geräte fließt, fließt auch durch diesen Zähler. Der Elektrizitätszähler soll im folgenden Experiment zur Messung der elektrischen Energie eingesetzt werden.

Wie viele Umdrehungen macht die Scheibe des Zählers in Abhängigkeit von der Leistung angeschlossener Geräte in einer bestimmten Zeit?

EXPERIMENT 2
Nacheinander werden ein Reisetauchsieder mit $P_{el} = 0,2$ kW und ein Haushaltstauchsieder $P_{el} = 1$ kW jeweils die gleiche Zeit lang eingeschaltet.
Die Anzahl der Umdrehungen der Zählerscheibe wird notiert.

1

Typische Messergebnisse für eine Zeit von $t = 8$ min sind:

elektrische Leistung P_{el} in kW	0,2 (Reisetauchs.)	1 (Haushaltstauchs.)
Anzahl der Umdrehungen	2	10

Aus dem Experiment 2 ergibt sich, dass die Anzahl der Umdrehungen bei konstanter Zeit t proportional zur elektrischen Leistung P_{el} ist.
Wie viele Umdrehungen macht die Scheibe des Zählers in Abhängigkeit von der Zeit, in der ein Gerät angeschlossen ist?
Hierzu kann Experiment 2 abgewandelt werden: Der Haushaltstauchsieder wird über verschieden lange Zeiten betrieben.
Typische Messergebnisse für eine Leistung von $P_{el} = 1$ kW sind:

Zeit t in min	0	4	8	12
Anzahl der Umdrehungen	0	5	10	15

Daraus ergibt sich, dass die Anzahl der Umdrehungen bei konstanter Leistung P_{el} proportional zur Zeit t ist, in der das Gerät angeschlossen ist.

Die Anzahl der Umdrehungen ist ein Maß für die umgewandelte elektrische Energie. In der Regel entsprechen bei den im Haushalt verwendeten Zählern 75 Umdrehungen einer elektrischen Energie von $1 \text{ kW} \cdot \text{h}$.

Die Rechnung des Elektrizitätswerkes. Einmal im Jahr wird der Elektrizitätszähler abgelesen. Auf der Rechnung erscheint dann aber nicht nur die vom Elektrizitätswerk bezogene Energie.
Im folgenden Beispiel muss der Kunde
– einen festen Anteil für die Bereitstellung in Höhe von 37,50 €/Jahr und für die Messung von 29,10 €/Jahr,
– einen Anteil für die vom Elektrizitätswerk bezogene Anzahl der Kilowattstunden in Höhe von 0,08 €/kW·h und einen „Leistungspreis" von 0,02 €/kW · h zahlen.
Daraus ergeben sich Kosten von etwa 0,13 €/kW · h.

```
Stadtwerke                  Rechnungsnummer    297031
                            Zählernummer       101365

Berechnungsnachweis über Strom-Verbrauch

Berechnung nach Haushalt        Tage    Preis           Betrag
Zählerstand am 08.03.04   3564
Zählerstand am 05.03.05   5980    363
Verbrauch (Faktor 1,0000) 2416 kWh
Bezugspreis (€/kWh)                    0,08 €/kWh      193,28 €
Leistungspreis fest                                    37,50 €
Preis nach Verbrauch                   0,02 €/kWh       48,32 €
Messpreis                              29,10 €/Jahr     28,94 €
Gesamt                                                 308,04 €
```
2

Schon gewusst?

Die Bereitstellung elektrischer Energie verteuert sich ständig. Die Elektrizitätswerke bekommen in der Regel eine „Strompreiserhöhung" von jährlich 3 % bis 5 % zugesprochen.
Da die Kosten für elektrische Energie in Unternehmen und Haushalten an Bedeutung gewinnen, steigt auch der Anreiz zum Energiesparen und damit zum Schonen der Umwelt.

Sichere Leitungen im Haushalt

Sicher weißt du, dass es gefährlich ist, in der Badewanne elektrische Geräte zu betreiben. Auch die Berührung eines blanken Kabels oder eines defekten Gerätes kann tödlich sein. Das Gefährliche ist dabei ein Stromfluss durch den menschlichen Körper. Ein Strom fließt jedoch nur in einem geschlossenen Stromkreis. Wie kann jemand Teil eines Stromkreises werden, wenn er nur mit *einer* Hand ein Kabel berührt?

Erdung des Elektrizitätsnetzes. Schon beim Elektrizitätswerk ist eines der Zuleitungskabel elektrisch leitend mit der feuchten Erde verbunden. Ebenso ist beim Anschluss des Hauses eines der Zuleitungskabel geerdet; dieses Kabel wird auch *Neutralleiter* genannt. Das andere Kabel, der *Außenleiter*, ist gegenüber der Erde isoliert.
Die Ladung kann durch den Außenleiter zum Hausanschluss hin fließen, von dort zum elektrischen Gerät und dann durch den Neutralleiter zurück zum Kraftwerk. Natürlich kann die Ladung auch umgekehrt durch diesen Stromkreis fließen.

Wir selbst sind mit der Erde elektrisch leitend verbunden. Besonders „gut" ist die elektrische Verbindung, wenn wir mit nassen Füßen auf den Fliesen eines Badezimmers stehen, oder wenn wir eine Wasserleitung berühren, die direkt aus dem Erdreich kommt. Wenn also jemand durch einen Isolationsfehler mit dem Außenleiter in Berührung kommt, kann über seinen Körper und die Erde der Stromkreis geschlossen werden.

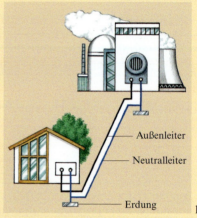

Erdung am Kraftwerk und am Hausanschluss

1

MODELLEXPERIMENT 1
Als „Steckdose" dient ein Netzgerät, dessen Gerätesicherung die „Haussicherung" darstellt. Ein großes Blech stellt die „Erde" dar, eine Lampe mit Metallfassung das elektrische Gerät. Als „Mensch" dient ein rotes Glühlämpchen (oder eine Klingel), dessen einer Anschluss mit der „Erde" verbunden ist.
1. An der Lampe wird ein „Isolationsfehler" erzeugt, indem eine leitende Verbindung zwischen dem schwarzen Anschlusskabel (dem Außenleiter) und dem Gehäuse hergestellt wird (Bild 3).
   Die Lampe funktioniert weiterhin. Berührt der Mensch mit seiner Hand (2. Anschluss des roten Lämpchens) das Lampengehäuse, geschieht nichts.
2. Durch eine Kabelsteckverbindung wird zusätzlich ein Isolationsfehler in der anderen, der blauen Anschlussleitung (dem Neutralleiter) simuliert und dadurch eine Erdverbindung hergestellt (Bild 4).
   Die Lampe funktioniert noch immer. Berührt aber jetzt der Mensch das Lampengehäuse, leuchtet das rote Lämpchen auf: Lebensgefahr!
3. Der Neutralleiter wird bereits an der Steckdose geerdet (Bild 5).
   Wenn nun der Mensch das defekte Lampengehäuse berührt, befindet er sich in akuter Lebensgefahr – auch ohne Isolationsfehler im Neutralleiter!

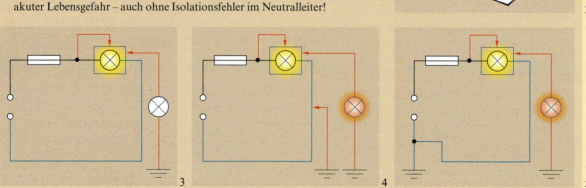

2

3   4   5

Das Experiment macht deutlich, dass es ohne die Erdung des Elektrizitäts-netzes nicht gefährlich wäre, ein blankes Kabel zu berühren (Teil 1). Erst durch die Erdung kann der Mensch Teil des Stromkreises werden (Teil 3). Allerdings wäre die Sicherheit ohne Erdung trügerisch: Wenn irgendwo im Netz eine Verbindung zur Erde entsteht, kann den ahnungslosen Menschen ganz unverhofft „der Schlag" treffen (Teil 2).

Die **Haushaltssicherung** kann den Menschen beim Berühren des Außenlei-ters nicht schützen: Die Sicherung unterbricht den Stromkreis erst, wenn die Stromstärke so groß wird, dass durch Erhitzung der Kabel Brandgefahr entsteht. Eine solche Stromstärke ist aber für den Menschen bereits tödlich.

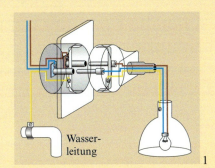

Wasser-leitung

1

Schutzleiter. Anschlusskabel für Geräte mit Metallgehäuse enthalten drei einzelne Kabel (Bild 1). Das dritte, der so genannte Schutzleiter, ist dazu da, die Gefährdung der Menschen durch Isolationsfehler so gering wie möglich zu halten. Seine Funktionsweise veranschaulicht das folgende Experiment.

MODELLEXPERIMENT 2
Das Modellexperiment 1 wird so verändert, dass ein zusätzliches gelbes Kabel vom Metallgehäuse des Gerätes zum geerdeten Pol der „Steckdose" geführt wird.
Die Sicherung unterbricht den Stromkreis, sobald ein Isolationsfehler an dem Gerät erzeugt wird.

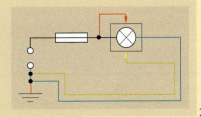

2

Der Schutzleiter verbindet das metallische Gehäuse elektrischer Geräte zusätzlich mit der Erde. Das hat zur Folge, dass durch einen Isolationsfeh-ler ein Kurzschluss erzeugt wird. Die Stromstärke wird sofort so groß, dass die Sicherung anspricht, bevor ein Mensch zu Schaden kommen kann.

Fehlerstromschutzschalter. In einem korrekt funktionierenden Stromkreis ist die Stromstärke im Außenleiter genauso groß wie im Neutralleiter. Wenn jedoch ein Teil der Ladung, z. B. durch einen Menschen hindurch, direkt über die Erde zum Hausanschluss zurückfließt („Fehlerstrom"), sind die beiden Stromstärken unterschiedlich. Ein Fehlerstromschutzschalter (auch FI-Schalter genannt) unterbricht den Stromkreis sofort.

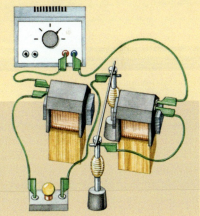

MODELLEXPERIMENT 3
In die Anschlusskabel eines Gerätes wird je eine Spule eingebaut. Die beiden Spulen werden so justiert, dass sie eine lose aufliegende Stricknadel, die Teil des Stromkreises ist, gleich stark, aber in entgegengesetzte Richtungen anziehen. Wird ein Fehlerstrom erzeugt, indem unter Umgehung einer der Spulen eine direkte Verbindung zur Erde hergestellt wird, fällt die Stricknadel hinunter. Der Stromkreis ist unterbrochen.

3

AUFGABEN

1. Wenn du mit Batterien oder Netzgeräten experi-mentierst, brauchst du keinen Schutzleiter anzu-schließen. Auch besitzen Halogenlampen nur zwei Leitungen; diese laufen oft sogar ohne Isolierung durch das Zimmer. Warum tritt bei diesen Beispielen keine Gefährdung für den Menschen auf?

2. Schau dir einen Schutzkontakt-Stecker und die dazu passende Steckdose an. Erkläre die Reihenfolge, in der beim Hineinschieben des Steckers die Kontakte der einzelnen Leiter geschlossen werden!

3. Die Stecker vieler Geräte haben nur zwei Anschlüsse. Begründe, dass dies zugelassen ist!

Gleiche Leistung bei unterschiedlicher Spannung

Gewöhnliche Haushaltsglühlampen mit einer Leistung von 60 W sind für eine Betriebsspannung von 230 V ausgelegt. Es gibt aber auch 60-W-Lampen die mit einer Spannung von 12 V betrieben werden, so z. B. die Fernlichtlampen im Pkw. Welche Vor- und Nachteile haben die unterschiedlichen Spannungen in dem jeweiligen Fall?

Aus der Gleichung $P_{el} = U \cdot I$ ist zu erkennen: Um eine bestimmte Leistung zu erreichen, muss
– bei einer großen Spannung die Stromstärke klein sein,
– bei einer kleinen Spannung die Stromstärke groß sein.

Je kleiner die Stromstärke ist, desto weniger werden die Leitungen im Stromkreis erwärmt. Deswegen ist es gerade bei großen Entfernungen günstig, möglichst hohe Spannungen zu verwenden. Die großen Überlandleitungen führen Spannungen von 380 000 Volt. Allerdings lässt sich eine solch hohe Spannung nicht im Haushalt verwenden.

1

230-V-Lampe und 12-V-Lampe.
Beide haben eine Leistung von 60 W.

2

Hohe Spannung, geringe „Verluste"

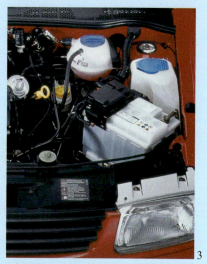

3

Dicke Kabel für große Stromstärke

Demgegenüber hat eine kleine Spannung die Vorteile, dass sie für den Menschen ungefährlich ist und dass sie durch Batterien zur Verfügung gestellt werden kann. Dadurch werden Geräte „mobil", wie z. B. Taschenlampe oder Discman; auch ein Auto muss man unabhängig vom Leitungsnetz starten können.

Der Nachteil von Batterien ist, dass sie in der Regel eine Spannung von maximal 12 Volt liefern können. Dadurch muss die Stromstärke in den Leitungen und in den elektrischen Geräten relativ hoch sein. Der Anlasser eines Pkw hat eine Leistung von etwa 900 W. Daher muss bei einer Spannung von 12 V die Stromstärke etwa 75 A betragen (zum Vergleich: in einem gewöhnlichen 1000-W-Tauchsieder beträgt die Stromstärke nur etwa 4 A). Damit es nicht zu einer übermäßigen Erwärmung kommt, sind die Anlasserkabel im Auto besonders dick (Bild 3).

In elektronischen Geräten mit Batteriebetrieb werden oft Spannungen von nur 6 V oder gar 3 V verwendet. Trotzdem ist in ihnen die Stromstärke sehr gering. Der Grund ist, dass die moderne Mikroelektronik nur einen sehr geringen Leistungsbedarf hat.

Übrigens

Auf einem Auto-Akkumulator findet man eine Angabe darüber, wie lange er eine bestimmte Stromstärke liefern kann. Die Angabe 36 Amperestunden (36 A · h) bedeutet z. B., dass der Akkumulator 36 Stunden lang eine Stromstärke von 1 A liefern kann. Bei einer Spannung von 12 V entspricht das einer elektrischen Arbeit von 12 V · 1 A · 36 h = 432 W · h. Zum Vergleich: Monozellen können eine Energie von etwa 5 W · h liefern.

AUFGABEN

1. Ermittle die elektrische Leistung eines Spielzeugmotors, der mit der angegebenen Spannung betrieben wird. Miss die Spannung und die Stromstärke. Nachdem der Motor zunächst ungebremst läuft, wird er durch eine um das Antriebsrad gewickelte Fadenschlaufe gebremst (Bild 1), bis er deutlich erkennbar langsamer läuft.
Zeichne den Schaltplan und lege eine Messwertetabelle an.
Berechne die Leistung des ungebremsten und des gebremsten Motors aus den Messwerten für Spannung und Stromstärke!

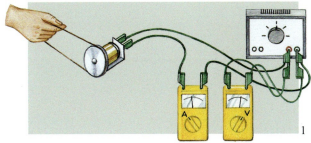

1

2. Vor 20 Jahren waren für Wohnräume Sicherungen von 6 A ausreichend. Heute werden zumeist 16-A-Sicherungen eingesetzt. Überlege anhand der Leistungsangaben der von dir genutzten elektrischen Geräte, ob in deinem Zimmer 6 A noch ausreichen würden!

3. Begründe mithilfe der Gleichung für die elektrische Energie, wie die Stromkosten im Haushalt gesenkt werden können!

4. Je größer die Stromstärke ist, umso größer wird die vom Strom in der Zuleitung entwickelte Wärme. Wie begegnet man dem in der Praxis? Begründe anhand der Gleichung für die Leistung!

5. Für ein Wannenbad muss ein elektrischer Durchlauferhitzer (P_{el} = 12 kW) 10 Minuten Wasser erwärmen. Berechne die Kosten. Setze 0,20 € als Preis für 1 kW · h an!

6. Die Pumpe einer Heizungsanlage (P_{el} = 80 W) ist von Oktober bis März etwa 75 % jedes Tages in Betrieb. Welche elektrische Arbeit wird zum Umwälzen des Wassers benötigt? Berechne die Kosten für den Betrieb der Pumpe! (1 kW · h $\cong$ 0,20 €)

7. Im Stand-by-Betrieb hat ein Fernseher (P_{el} = 120 W) nur noch etwa 1 % der Leistung. Berechne die elektrische Energie für einen Stand-by-Betrieb von 24 Stunden. Vergleiche mit der notwendigen elektrischen Energie im Betrieb für einen Spielfilm von 90 Minuten Dauer!

8. Wie groß ist die Stromstärke in einem Spielzeugmotor mit einer Leistung von 15 W, der an 12 V angeschlossen wird? Wie lange kann er mit einem Kleinakkumulator betrieben werden, der die Aufschrift „0,5 A · h" trägt?

9. Begründe, dass Elektrolokomotiven und Straßenbahnen mit einer wesentlich höheren Spannung als 230 V betrieben werden!

10. Ein Mikrowellenherd (230 V, 800 W) und ein Wasserkocher (230 V, 1750 W) sollen an eine Doppelsteckdose angeschlossen werden. Für welche Stromstärke müssen die Zuleitungen und die Sicherung ausgelegt sein?

ZUSAMMENFASSUNG

Größe	elektrische Leistung	elektrische Energie
Bedeutung	Die elektrische Leistung eines Gerätes gibt an, wie viel elektrische Energie das Gerät in einer bestimmten Zeit umwandelt.	Durch den Stromfluss wird in elektrischen Geräten elektrische Energie umgewandelt. Die Geräte geben dabei Wärme ab, sie senden Licht aus oder sie erhöhen die mechanische Energie anderer Körper.
Formelzeichen	P_{el}	E_{el}
Gleichung	$P_{el} = U \cdot I$	$E_{el} = P_{el} \cdot t = U \cdot I \cdot t$
Einheit	1 W = 1 N · m/s = 1 J/s 1 kW = 1000 W 1 MW = 1000 kW	1 W · s = 1 N · m = 1 J 1 kW · h = 3 600 000 W · s
Messgerät	Leistungsmesser	Elektrizitätszähler

Früher hat Robert oft das Klingeln nicht gehört, wenn er Besuch von seinen Freunden bekam. Daher hat er eine eigene Klingel in seinem Zimmer installiert. Wenn aber nun jemand klingelt, bekommt Robert jedesmal einen Riesenschreck, denn die Klingel ist viel zu laut!
Robert möchte die Klingel daher etwas leiser stellen. Am liebsten hätte er sogar eine Möglichkeit, die Lautstärke der Klingel stufenlos einzustellen – je nach Dringlichkeit des erwarteten Besuchs.

1

Der Widerstand im verzweigten und im unverzweigten Stromkreis

Der Widerstand im unverzweigten Stromkreis. Die Stromstärke ist davon abhängig, wie groß der elektrische Widerstand ist, der insgesamt den Stromfluss zwischen den Polen der Elektrizitätsquelle hemmt. Dieser Widerstand wird als **Gesamtwiderstand R_{ges}** bezeichnet. Wie kann er aus den Einzelwiderständen berechnet werden?
Bei zwei in Reihe geschalteten Bauelementen gilt für die Teilspannungen: $U_{ges} = U_1 + U_2$. Die Stromstärke I ist im Stromkreis überall gleich. Daraus ergibt sich für den Gesamtwiderstand

$$R_{ges} = \frac{U_{ges}}{I} = \frac{U_1 + U_2}{I} = \frac{U_1}{I} + \frac{U_2}{I} \quad \text{also } R_{ges} = R_1 + R_2.$$

Sind mehr als zwei Bauelemente in Reihe geschaltet, so ist $U_{ges} = U_1 + U_2 + \dots + U_n$. Es gilt:

> Bei einer Reihenschaltung von Bauelementen ist der Gesamtwiderstand gleich der Summe der Einzelwiderstände: $R_{ges} = R_1 + R_2 + \dots + R_n$.

Der Gesamtwiderstand ist größer als der größte Einzelwiderstand.

EXPERIMENT 1
Bestätige den Zusammenhang $R_{ges} = R_1 + R_2$ für verschiedene Widerstände. Verwende immer die gleiche Gesamtspannung!
1. Baue die Schaltung mit den Widerständen R_1 und R_2 auf!
2. Miss die Gesamtspannung U_{ges} und die Stromstärke I. Trage diese Werte in eine Messwertetabelle ein!
3. Berechne R_{ges} aus U_{ges} und I. Vergleiche mit der Summe $R_1 + R_2$!
4. Wiederhole die Messungen und Berechnungen mit anderen Bauelementen!

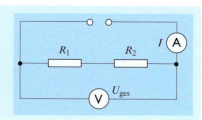

In jedem einzelnen Bauelement wird die Wanderung der Elektronen infolge der Zusammenstöße mit den Metall-Ionen behindert (vgl. S. 88).
Im unverzweigten Stromkreis „verteilt" sich die Gesamtspannung auf die einzelnen Bauelemente. Man sagt auch: An jedem Bauelement fällt eine Spannung ab.

> Für zwei in Reihe geschaltete Bauelemente gilt: Die Teilspannungen verhalten sich zueinander wie die Einzelwiderstände.
>
> $$\frac{U_1}{U_2} = \frac{R_1}{R_2}$$

Der Widerstand im verzweigten Stromkreis. Bei zwei parallel geschalteten Bauelementen gilt für die Teilstromstärken $I_{ges} = I_1 + I_2$. An beiden Bauelementen liegt die gleiche Spannung U an. Zur Berechnung des Gesamtwiderstandes kann die Gleichung

$$R_{ges} = \frac{U}{I_{ges}} = \frac{U}{I_1 + I_2} \quad \text{umgeformt werden zu}$$

$$\frac{1}{R_{ges}} = \frac{I_1 + I_2}{U} = \frac{I_1}{U} + \frac{I_2}{U}. \quad \text{Daraus ergibt sich} \quad \frac{1}{R_{ges}} = \frac{1}{R_1} + \frac{1}{R_2}.$$

Sind mehr als zwei Bauelemente parallel geschaltet, so ist $I_{ges} = I_1 + I_2 + \ldots + I_n$. Daraus folgt:

> Bei einer Parallelschaltung von Bauelementen ist der Kehrwert des Gesamtwiderstandes gleich der Summe der Kehrwerte der Einzelwiderstände.
> Bei n Widerständen gilt: $\dfrac{1}{R_{ges}} = \dfrac{1}{R_1} + \dfrac{1}{R_2} + \ldots + \dfrac{1}{R_n}$.

Der Gesamtwiderstand ist kleiner als der kleinste Einzelwiderstand.

> **EXPERIMENT 2**
> Bestätige den Zusammenhang $\dfrac{1}{R_{ges}} = \dfrac{1}{R_1} + \dfrac{1}{R_2}$ für verschiedene Widerstände.
> Verwende immer die gleiche Spannung von etwa 2 V!
> 1. Baue die Schaltung mit den Widerständen R_1 und R_2 auf!
> 2. Miss die Spannung U und die Gesamtstromstärke I_{ges}!
> 3. Berechne $R_{ges} = \dfrac{U}{I_{ges}}$ und überprüfe anschließend, ob für den Gesamtwiderstand $\dfrac{1}{R_{ges}} = \dfrac{1}{R_1} + \dfrac{1}{R_2}$ gilt!
> 4. Wiederhole die Messungen und Berechnungen mit anderen Bauelementen!

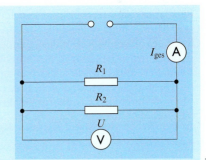

1

Übrigens

Der Gesamtwiderstand bei zwei parallel geschalteten Bauelementen lässt sich auch nach folgender Gleichung berechnen:

$$R_{ges} = \frac{R_1 \cdot R_2}{R_1 + R_2}.$$

Die Parallelschaltung von Bauelementen führt dazu, dass mehr Elektronen von derselben Spannung angetrieben werden. Dadurch nimmt die Stromstärke insgesamt zu, der Gesamtwiderstand wird kleiner.

> Für zwei parallel geschaltete Bauelemente gilt: Die Teilstromstärken stehen im umgekehrten Verhältnis wie die Einzelwiderstände.
>
> $$\frac{I_1}{I_2} = \frac{R_2}{R_1}$$

Der Vorwiderstand

In handelsüblichen Spannungsprüfern zeigt das Aufleuchten einer Glimm-lampe an, ob z. B. zwischen dem einen Anschluss einer Steckdose und der Erde eine elektrische Spannung vorhanden ist. Dabei wird der Stromkreis zur Erde über das Berühren des Kontaktes auf der Kappe und damit über den menschlichen Körper geschlossen. Damit für den Prüfer keine Gefahr besteht, muss die Stromstärke sehr klein sein. Dafür sorgt ein Vorwiderstand von etwa 0,6 MΩ. Die maximale Stromstärke beträgt dann etwa 0,3 mA, also nur 1% jener Stromstärke, die dem Menschen gefährlich wird (30 mA). Sie ist so klein, dass man sie gar nicht spürt.

Eine andere Anwendung des Vorwiderstandes kennst du von der Auto-rennbahn. Durch einen Schleifkontakt, der längs der Widerstandsschicht bewegt werden kann, wird die Länge der im Stromkreis befindlichen Wider-standsschicht verändert. Damit ändert sich der Betrag des Vorwiderstandes (Bild 2).

Der Vorwiderstand und der Gleichstrommotor sind in Reihe geschaltet. Wenn der Vorwiderstand auf den größten Wert eingestellt ist, so ist der Gesamtwiderstand am größten und damit die Stromstärke am kleinsten. Der Motor hat eine geringe Drehzahl, das Auto fährt langsam. Ist dagegen der Vorwiderstand sehr klein, so wird die Stromstärke groß und der Motor erreicht seine größte Drehzahl. Das Auto hat dann seine größte Geschwin-digkeit.

Messbereichserweiterungen. Bei Vielfachmessgeräten können mit dem glei-chen Messwerk unterschiedlich große Spannungen, Stromstärken und auch Widerstandswerte gemessen werden. Der Messbereich gibt dabei den jewei-ligen Vollausschlag an. Das Messwerk selbst ist für die kleinsten Mess-bereiche ausgelegt, z. B. $I_{mess} = 1\,mA$ und $U_{mess} = 1\,V$. Daraus ergibt sich der Innenwiderstand des Messwerks zu $R_i = \dfrac{1\,V}{1\,mA} = 1000\,\Omega$.

Messbereichserweiterung für Stromstärkemessungen
Für das Messen größerer Stromstärken muss erreicht werden, dass trotzdem im Messwerk die Stromstärke bei Vollausschlag nur 1 mA beträgt. Der „Rest" muss am Messwerk vorbeigeleitet werden.

Dazu benutzt man Nebenwiderstände R_N, sogenannte *Shunts* (Bild 2). Die Größe des Nebenwiderstandes hängt ab
– vom Innenwiderstand R_i des Messwerkes und
– vom Verhältnis zwischen dem neuen Messbereich, z. B. 100 mA, und dem ursprünglichen Messbereich, z. B. 1 mA. Man kennzeichnet dieses Ver-hältnis durch den Erweiterungsfaktor n.

Für den Nebenwiderstand R_N gilt: $R_N = \dfrac{R_i}{(n-1)}$ mit $n = \dfrac{I_{max}}{I_{mess}}$.

Im genannten Beispiel beträgt für $R_i = 1000\,\Omega$ und $n = 100$ der Neben-widerstand 10,1 Ω.

Messbereichserweiterung für Spannungsmessungen
Da Spannungen nicht „vorbeigeleitet" werden können, nutzt man die Auf-teilung an in Reihe geschalteten Widerständen. Die Messbereichserweite-rung wird durch einen Vorwiderstand R_V realisiert. Es gilt

$R_V = R_i\,(n-1)$ mit $n = \dfrac{U_{max}}{U_{mess}}$.

Für $R_i = 1000\,\Omega$ und $n = 100$ ergibt sich ein Vorwiderstand von $R_V = 99\,k\Omega$.

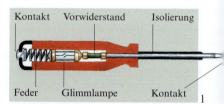
Aufbau eines Spannungsprüfers

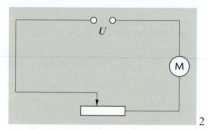
Regelbarer Vorwiderstand

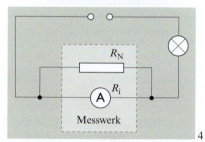

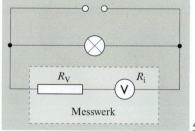

Das Potentiometer

Widerstände nutzt man nicht nur zur Begrenzung der Stromstärke, sondern auch zur Änderung der Lautstärke oder anderer Einstellungen an elektronischen Geräten. In Potentiometern wird ausgenutzt, dass der elektrische Widerstand von der Länge eines Leiters abhängt. Zwei Bauformen zeigt das Bild 1.

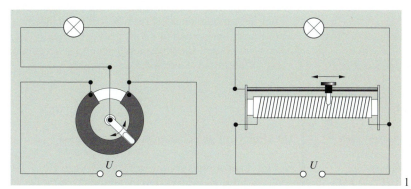

Potentiometer als Dreh- und Schiebewiderstand

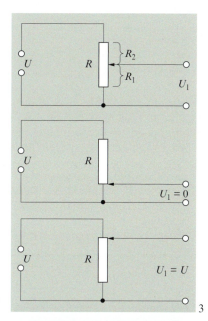

Lautstärkeregler

Das nebenstehende Schaltbild eines solchen Potentiometers zeigt, dass durch den beweglichen Abgriff der Widerstand R des Potentiometers in zwei Teilwiderstände R_1 und R_2 geteilt ist. Der untere Widerstand R_1 kann zwischen den Werten 0 (Abgriff am unteren Ende) und R (Abgriff am oberen Ende) variiert werden. R_2 ändert sich entgegengesetzt.

Die anliegenden Teilspannungen U_1 und U_2 stehen im gleichen Verhältnis zueinander wie die Widerstände (siehe Seite 111). Das Potentiometer wird damit zu einem veränderlichen Spannungsteiler.

Die Aufteilung wird bei einem Lautstärkeregler wie folgt angewendet. Steht der Abgriff so, dass die Spannung U_1 sehr klein ist, so ist auch die Lautstärke sehr gering. Drehen wir „voll auf", liegt die maximale Spannung $U_1 = U$ an und die Lautstärke wird ebenfalls maximal.

Potentiometer werden jedoch nur dort eingesetzt, wo geringe Stromstärken auftreten. Der Grund dafür ist der Stromfluss durch das am Abgriff angeschlossene Gerät. Dieser sogenannte Laststrom muss ja auch durch den entsprechenden Abschnitt des Potentiometers fließen. Wird die Stromstärke sehr groß, so kann das dazu führen, dass das Potentiometer zerstört wird. Die Wärmewirkung des elektrischen Stromes ist einer der Gründe dafür, dass Widerstände oder Potentiometer vorrangig in der „Schwachstromtechnik" eingesetzt werden. In der „Starkstromtechnik" werden andere Bauteile, wie z. B. stellbare Transformatoren, verwendet.

Neben stufenlos veränderbaren Spannungsteilern gibt es auch solche mit fest vorgegebenen Widerstandswerten. Eine typische Anwendung des Festspannungsteilers findet sich in einem Wahlschalter für den Lüfter eines Pkw (Bild 4). Der Lüfter soll je nach Bedarf unterschiedlich schnell laufen. Dazu muss der Motor des Lüfters mit unterschiedlichen Spannungen betrieben werden.

Im Inneren des Wahlschalters befinden sich mehrere Widerstände. Durch die Schalterstellung wird festgelegt, wie viele der Widerstände in Reihe geschaltet werden und wie groß folglich die Spannung ist, mit der der Lüfter versorgt wird.

Festspannungsteiler im Pkw

Lernen an Stationen

Spielregeln für Lernstationen

1. Die Experimente beim Stationenlernen werden vorher nicht ausführlich besprochen. Verabredet nur, welche Gruppe mit welcher Station beginnt.
2. Jede Gruppe darf höchstens vier Teilnehmer haben. Das Team arbeitet an den Stationen in eigener Verantwortung.
3. Lest die vorliegende Aufgabenstellung genau durch und beachtet alle Anweisungen.
4. Die benötigten Geräte findet ihr an der Station.
5. Jede Gruppe wertet auf einem Ergebnisblatt die Experimente aus (siehe Muster unten).
6. Nach der Arbeit an einer Station räumt ihr auf und wechselt zu einer freien Station.
7. Ihr arbeitet an den Stationen völlig selbstständig. Euer Lehrer oder eure Lehrerin besucht die einzelnen Stationen, berät euch und hilft bei Problemen.
8. Da noch andere Gruppen im gleichen Raum arbeiten, solltet ihr leise miteinander sprechen.

LERNSTATION 1

Die spannungsrichtige Schaltung von Messgeräten

Geräte. 1 Stromversorgungsgerät, 2 Messgeräte, 1 Widerstand $R_1 = 50\ \Omega$, 1 Widerstand $R_2 = 1\ \text{k}\Omega$, Verbindungsleiter

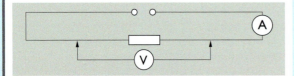

Durchführung. Messt die Stromstärke am Widerstand R_1 zunächst *ohne* und dann wie in der Schaltung angegeben *mit* Spannungsmesser! Wiederholt diese Messungen für den Widerstand R_2!

Auswertung. Die Schaltung 1 wird auch als spannungsrichtige Schaltung der Messgeräte bei gleichzeitiger Messung von Stromstärke und Spannung bezeichnet. Warum heißt sie spannungsrichtig?

LERNSTATION 2

Die stromrichtige Schaltung von Messgeräten

Geräte. 1 Stromversorgungsgerät, 2 Messgeräte, 1 Widerstand $R_1 = 50\ \Omega$, 1 Widerstand $R_2 = 1\ \text{k}\ \Omega$, Verbindungsleiter

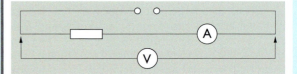

Durchführung. Messt die Stromstärke und die Gesamtspannung am Widerstand R_1 wie in der Schaltung angegeben! Wiederholt diese Messungen für den Widerstand R_2!

Auswertung. Die Schaltung 2 wird auch als stromrichtige Schaltung der Messgeräte bei gleichzeitiger Messung von Stromstärke und Spannung bezeichnet. Warum heißt sie stromrichtig?

ERGEBNISPROTOKOLL

Lernstation 1	mit Spannungsmesser	ohne Spannungsmesser
$R_1 = 50\ \Omega$	$I =$ _____	$I =$ _____
$R_2 = 1\ \text{k}\Omega$	$I =$ _____	$I =$ _____
	Lernstation 1	Lernstation 2
$R_1 = 50\ \Omega$	$U =$ _____	$U =$ _____
$R_2 = 1\ \text{k}\Omega$	$U =$ _____	$U =$ _____

Leitet eine „Faustregel" für die Anwendung der spannungs- bzw. der stromrichtigen Schaltung der Messgeräte ab! Hinweis: Die Entscheidung bezieht sich in der Regel auf einen Widerstand von $R_0 = 200\ \Omega$,

für $R < 200\ \Omega$: _____

für $R > 200\ \Omega$: _____

**Der Gesamtwiderstand
von Widerstandskombinationen**

Geräte. Stromversorgungsgerät,
2 Messgeräte, 2 Widerstände $R_1 = 50\,\Omega$,
2 Widerstände $R_2 = 100\,\Omega$, Verbindungsleiter

Durchführung. Miss für die Widerstandskombinationen gleichzeitig Spannung und Stromstärke!

Auswertung. Berechne jeweils den Gesamtwiderstand aus den Messwerten für Stromstärke und
Spannung!

Finde Formeln für den Gesamtwiderstand der
Widerstandskombinationen und überprüfe deren
Richtigkeit anhand der aus den Messwerten für
Stromstärke und Spannung berechneten Gesamt-
widerstände!

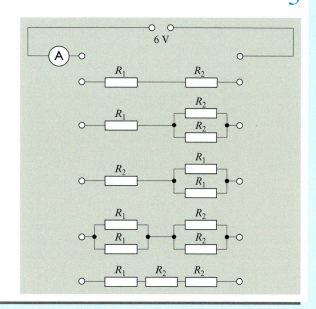

Der Wirkungsgrad eines Elektromotors

Geräte. 1 kleiner Elektromotor mit Stativmaterial
zur Befestigung, 1 Faden, 1 Massestück, Lineal,
Stoppuhr, Stromversorgungsgerät, Spannungsmesser und Strommesser, Federkraftmesser

Durchführung. Befestigt den Motor mit dem Stativmaterial an einer Tischkante.
Wickelt den Faden so um die Welle des Motors, dass
er bei laufendem Motor weiter aufgewickelt wird.
Ermittelt für das angehängte Massestück die Gewichtskraft mit dem Federkraftmesser.
Schließt den Motor und die Messgeräte an.
Messt die Zeit zum Heben des Massestückes um eine
vorher markierte Strecke.
Lest während des Hebens Spannung und Stromstärke an den Messgeräten ab!

Auswertung. Dem Motor wird elektrische Energie
zugeführt, die durch das Heben in potenzielle Energie des Massestückes umgewandelt wird.
Berechnet hieraus den Wirkungsgrad η des Motors!
Überlegt, welche Energieumwandlungen während
des Hebens noch erfolgen!

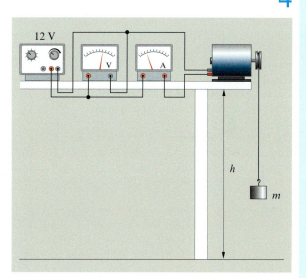

ERGEBNISPROTOKOLL

$F_G =$ _____ ; $h =$ _____ ; $t =$ _____

$U \;=$ _____ ; $I =$ _____

Berechnung von η: _____

_____

Auswerten von Experimenten mit dem Taschenrechner

Grafikfähige Taschenrechner (GTR) erleichtern die Auswertung von experimentell gewonnenen Daten. Alle diese Rechner verfügen über ein so genanntes Listen- bzw. Statistikmenü, in das die Messdaten eingegeben werden können. Das Vorgehen zum Aufrufen und Eingeben der Daten hängt vom Rechnertyp ab.

Gemeinsam ist allen Rechnern, dass die Daten in Listen verwaltet werden, welche in vielfältiger Weise miteinander verknüpft werden können. Zudem besteht die Möglichkeit, die Daten in Diagrammen darzustellen und funktionale Zusammenhänge zwischen ihnen zu ermitteln.

Proportionalität. Ein besonders einfacher mathematischer Zusammenhang zwischen Messwerten ist die Proportionalität. Das Ohm'sche Gesetz besagt z. B., dass für bestimmte Leiter I direkt proportional zu U ist.

Durch Quotientenbildung kann die Gültigkeit des Gesetzes überprüft werden. Üblicherweise bildet man dabei den Quotienten U/I, da dieser die physikalische Bedeutung des Widerstands R hat.

Wenn auf dem Taschenrechner in Liste 1 die Spannungswerte U und in Liste 2 die zugehörigen Stromstärken I erfasst wurden, lässt man in Liste 3 die Quotienten („Liste 1 : Liste 2") berechnen (Bild 2).

Bei einer indirekten Proportionalität (z. B. $R \sim 1/A$) sind nicht die Quotienten, sondern die Produkte aus den erfassten Größen konstant. Dann werden in Liste 3 die Produkte („Liste 1 · Liste 2") berechnet.

Diagramme, Messfehler und Regression. Das „Plotten" der Messwertpaare führt zu einem Diagramm auf dem Display. Die Messpunkte liegen im Diagramm allerdings so gut wie nie auf einer „Ideallinie", sondern es kommt zu Abweichungen (Bild 3).

Jede Messung ist mit einem mehr oder weniger großen Messfehler behaftet. Kein Messgerät kann „unendlich genau" messen; auch lassen sich Umwelteinflüsse wie Temperaturschwankungen oder Vibrationen nie ganz ausschalten.

Die Rechner können denjenigen funktionalen Zusammenhang ermitteln, von dem die Messwertpaare insgesamt am wenigsten abweichen. Das dabei verwendete mathematische Verfahren wird als Regression bezeichnet. Bild 4 veranschaulicht anhand einer Geraden mit der Funktionsgleichung $y = ax + b$, wie durch Regression die Parameter a und b gefunden werden, die am besten zu den Messwerten „passen": Die Messpunkte werden durch Pflöcke dargestellt, die mit Federn an dem geraden Stab ziehen. In der Ruhelage stellt der Stab dann den optimalen Geradenverlauf dar.

1

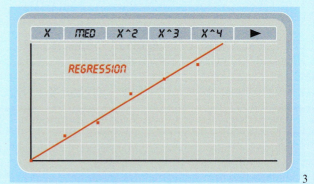

F 1	F 2	F 3	F 4	F 5	F 6
	LISTE 1	LISTE 2	LISTE 3	LISTE 4	
1	0.0	0.0	–		
2	0.2	0.37	1.85		
3	0.4	0.58	1.35		
4	0.6	1.01	1.68		
5	0.8	1.22	1.53		
6	1.0	1.46	1.46		
7	–	–	–		

2

Listendarstellung auf dem GTR

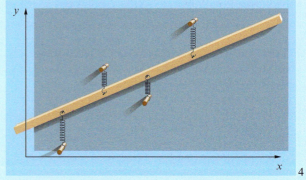

3

Darstellung von Messwerten

Modell der Regression mit elastischen Federn

4

AUFGABEN

1. Berechne die Gesamtwiderstände für die beiden Schaltungen!

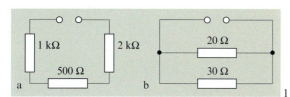

2. Dir stehen 5 Widerstände zu je 2,0 Ω zur Verfügung. Überprüfe, ob du damit alle ganzzahligen Widerstandswerte von 1,0 Ω bis 10,0 Ω herstellen kannst!

3. Berechne die fehlenden Angaben!

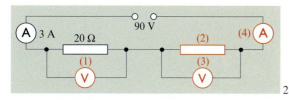

4. Eine Glühlampe (3 V; 0,4 A) soll an eine Flachbatterie (4,5 V) angeschlossen werden. Berechne den notwendigen Vorwiderstand! Nenne eine Möglichkeit, wie mehrere dieser Lampen ohne Verwendung eines Vorwiderstandes zu schalten wären, wenn mehrere Flachbatterien zur Verfügung stehen!

5. Die Leistungen zweier Glühlampen ($U = 230$ V) verhalten sich wie 1 : 4. In welchem Verhältnis stehen die Stromstärken und die Widerstände dieser Lampen zueinander?

6. Ein 25-W- und ein 100-W-Motor, die beide für 230 V ausgelegt sind, werden zum einen in Reihe und zum anderen parallel an 230 V angeschlossen.
   a) Berechne die Teilspannungen und die Stromstärke sowie den Gesamtwiderstand bei der Reihenschaltung.
   b) Berechne die Teilstromstärken und den Gesamtwiderstand bei der Parallelschaltung.
   c) Ermittle die Leistungen der einzelnen Motoren und die insgesamt umgesetzte Leistung in den beiden Schaltungsarten. Interpretiere die beiden Gesamtleistungen!

7. Leite das Spannungs-Widerstands-Verhältnis für zwei in Reihe geschaltete Widerstände und das Stromstärke-Widerstands-Verhältnis für zwei parallel geschaltete Widerstände her!

8. Begründe, dass Potentiometer nur bei geringen Stromstärken eingesetzt werden!

9. Erläutere die Probleme einer gleichzeitigen Messung von Spannung und Stromstärke in einem Stromkreis! Wodurch können die Messfehler klein gehalten werden?

10. Entwirf eine Schaltung, mit der sich die Klingel von Robert (S. 110) leiser stellen lässt!

11. Entwirf eine Schaltung für eine einfache Modellbahnanlage ($U = 24$ V), wo du Folgendes realisieren kannst:
    – die Geschwindigkeit der Lok soll einstellbar sein,
    – außer der Lok kann die Beleuchtung der Häuser und der Straßenlampen getrennt eingeschaltet werden ($U_{Lampe} = 24$ V) und
    – das Abstellgleis ist abschaltbar!

ZUSAMMENFASSUNG

Unverzweigter Stromkreis
Reihenschaltung von Bauelementen

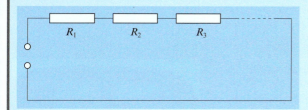

$$R_{ges} = R_1 + R_2 + \ldots + R_n$$

Sonderfall 2 Bauelemente:

$$R_{ges} = R_1 + R_2 \qquad \frac{U_1}{U_2} = \frac{R_1}{R_2}$$

Verzweigter Stromkreis
Parallelschaltung von Bauelementen

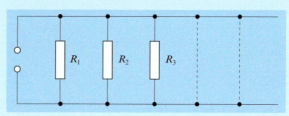

$$\frac{1}{R_{ges}} = \frac{1}{R_1} + \frac{1}{R_2} + \ldots + \frac{1}{R_n}$$

Sonderfall 2 Bauelemente:

$$R_{ges} = \frac{R_1 \cdot R_2}{R_1 + R_2} \qquad \frac{I_1}{I_2} = \frac{R_2}{R_1}$$

Elektrisches Messen nichtelektrischer Größen

Das Armaturenbrett eines modernen Pkw erinnert ein wenig an das Cockpit eines Flugzeuges: Mess- und Anzeigegeräte sind eng beieinander übersichtlich angeordnet und blendfrei beleuchtet.

Die Geräte geben dem Fahrer nützliche Informationen über das Fahrzeug, den Verlauf der Fahrt und die Umgebung. Die Messinstrumente haben meist eine Skala und einen Zeiger. Wenn der Zeigerausschlag zunimmt, so wird auch die gemessene oder angezeigte physikalische Größe größer, z. B. die Drehzahl des Motors, die Fahrgeschwindigkeit des Pkw oder die Motortemperatur. Sinkt der Zeigerausschlag, so nimmt der Betrag der gemessenen physikalischen Größe ab.

Die Skalen ermöglichen es, die jeweiligen physikalischen Größen genau zu messen. So ergibt sich z. B. eine Drehzahl von 4000 Umdrehungen pro Minute, eine Fahrgeschwindigkeit von 130 km/h oder eine Motortemperatur von 80 °C.

Cockpit eines Flugzeuges

Aufbau von elektrischen Zeigerinstrumenten. Zu allen Mess- und Anzeige-geräten im Cockpit verlaufen elektrische Leitungen. Die Zeigerinstrumente besitzen den gleichen Aufbau wie elektrische Strom- und Spannungsmesser, so genannte Drehspulinstrumente (Bild 1).

Der Hufeisenmagnet ist von einem magnetischen Feld umgeben. Wenn durch die Spule des Strommessers ein elektrischer Strom fließt, so wirkt auf sie eine Kraft. Diese Kraft bewirkt, das sich die Spule dreht. Sie dreht sich aber nur ein kleines Stück, da eine Spiralfeder der Drehung entgegen wirkt. Je nach der Stärke des Stromes, der durch die Spule fließt, ist die Kraft unter-schiedlich groß. Deshalb dreht sich die Spule unterschiedlich weit. Der Zei-ger zeigt die Drehung der Spule und damit die Stärke des Stromes an.

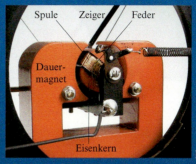

Messwerk eines Drehspulinstruments

Vorzüge elektrischer Messgeräte. Temperaturen werden in der Regel mit Flüssigkeitsthermometern gemessen. Warum misst man sie im Pkw mit einem elektrischen Messgerät?

Ein Grund hiefür ist, dass elektrische Geräte sehr genau arbeiten. Oft garan-tieren die Hersteller, dass jedes Gerät im ungünstigsten Falle nur einen Feh-ler zulässt, der geringer als 1% des angezeigten Maximalwertes ist. Diese hohe Messgenauigkeit hängt mit dem beschriebenen Aufbau und der Wir-kungsweise eines Strom- und Spannungsmessers zusammen. Alle Teile kön-nen preisgünstig und mit höchster Präzision hergestellt werden. Bei einem Thermometer aus Glas ist das nicht ohne weiteres möglich.

Außerdem kann man beim elektrischen Messen den Ort für die Anzeige beliebig wählen. Die Temperatur des Motoröls ließe sich zwar auch mit einem Flüssigkeitsthermometer messen – jedoch müsste dazu das Thermo-meter direkt im Motorblock stecken und die Temperatur ließe sich nicht vom Fahrersitz aus ablesen. Bei größeren Abständen zwischen dem Ort der Messung und dem Anzeigegerät braucht man einfach nur längere elektri-sche Leitungen zu nehmen.

Nicht nur die Temperatur, sondern auch viele andere physikalische Größen lassen sich auf elektrischem Wege messen, so z. B. die *Drehzahl* der Turbine in einem Kraftwerk, die *Geschwindigkeit* eines Schiffes, die *Kraft* bei einer Presse und der *Druck* in einem Kompressor.

Im Kontrollraum eines Kraftwerks laufen die Informationen von vielen Messgeräten zusammen.

Messwandler. Diese Aufgabe nichtelektrische Größen elektrisch zu messen, wird durch einen so genannten Messwandler gelöst. Er ist im einfachsten Falle der Messfühler der Messeinrichtung. Er misst aber nicht die physika-lische Größe, z.B. die Temperatur, direkt. Er misst statt dessen eine andere physikalische Größe wie die elektrische Spannung oder die elektrische Stromstärke.

Voraussetzung für das Funktionieren dieses Verfahrens ist, dass im Mess-wandler eine Stromstärke oder Spannung erzeugt wird, die in einer festen Beziehung zur Temperatur steht. Wenn man diese Beziehung kennt, kann man damit die Temperatur bestimmen.

Elektrisches Messinstrument zur Temperaturbestimmung

AUFTRAG 1

1. Finde für einen Lkw oder ein Schienenfahrzeug heraus, welche nichtelektri-schen Größen auf elektrischem Wege gemessen werden!
2. Gib für 3 der Geräte mögliche Messwandler an!
3. Skizziere einen der Messwandler und beschrifte die Teile!

AUFGABEN

1. Worin besteht das Prinzip der elektrischen Messung nichtelek-trischer Größen?
2. Welche Vorzüge hat die elektri-sche Messung nichtelektrischer Größen?

Temperaturmessung

In einem Flüssigkeitsthermometer wird die Temperatur durch die Ausdehnung der Thermometerflüssigkeit gemessen, die Temperaturmessung wird also auf eine Längenmessung zurückgeführt. Eine elektrische Temperaturmessung lässt sich mithilfe von Thermoelementen oder Thermistoren durchführen.

Thermoelemente. Ein Thermoelement besteht aus zwei Drähten aus verschiedenen Metallen, die an einem Ende miteinander verbunden sind.

EXPERIMENT 1

1. Stellt ein Thermoelement her. Verdrillt oder verlötet dazu das eine Ende eines Kupferdrahtes mit dem einen Ende eines Konstantandrahtes!
2. Verbindet die freien Enden des Thermoelements mit einem Spannungsmesser, der auf einen Messbereich von 1 mV eingestellt ist!
3. Nähert die Verbindungsstelle der beiden Metalle des Thermoelements langsam von der Seite her einer brennenden Kerze. Achtet darauf, dass das Thermoelement nicht in die Flamme gelangt!

1

Wird die Kontaktstelle eines Thermoelements erhitzt, so tritt zwischen den beiden Drähten eine elektrische Spannung auf. Je höher die Temperatur der Kontaktstelle ist, umso größer ist diese *Thermospannung*.

Temperatur-Spannungskurve eines Thermoelements. Wenn man weiß, welche Temperatur einer bestimmten Thermospannung entspricht, dann ist es mit dem Thermoelement möglich, die physikalische Größe *Temperatur* durch die physikalische Größe *Spannung* darzustellen.

EXPERIMENT 2

1. Fülle ein 100-ml-Becherglas zur Hälfte mit destilliertem Wasser. Bringe außerdem ein Thermometer, Messbereich 0 °C bis 100 °C, und einen Rührer ins Becherglas!
2. Verbinde die Anschlüsse deines selbst hergestellten Thermoelements mit den Buchsen eines Gleichspannungs-Messinstrumentes, Messbereich 1 mV.
3. Fertige eine Tabelle mit den Spalten Temperatur in °C und Thermospannung in mV an!
4. Miss Temperatur und Thermospannung und trage sie in die Tabelle ein!
5. Stelle das Becherglas auf eine kleine Heizplatte und erhitze das Wasser. Miss in Schritten von 10 °C die Thermospannung!
6. Stelle die Thermospannung als Funktion der Temperatur grafisch dar. Wähle dabei einen Temperaturbereich von 0 °C bis 120 °C. Verlängere die Kurve über den ganzen Temperaturbereich!

2

Die Messwerte liegen ungefähr auf einer Geraden. Diese geht allerdings nicht durch den Koordinatenursprung. Man nennt die Gerade auch Eichkurve (Bild 3).

Mit der Eichkurve ist es leicht möglich, eine beliebige Temperatur im untersuchten Bereich und in seiner Nähe zu bestimmen: Man misst die Thermospannung, trägt sie auf der y-Achse auf und ermittelt dann den zugehörigen Wert auf der x-Achse. Dazu verfolgt man eine horizontale Linie durch den y-Wert, bis sie die Kurve schneidet. Der zugehörige Wert auf der x-Achse ist die gesuchte Temperatur.

Wenn eine Thermoelement in der Technik eingesetzt wird, dann beschriftet man die Skala des Messinstrumentes nicht mit mV, sondern gemäß der Eichkurve mit der Einheit der Temperatur, z. B. °C. Dann lässt sich diese physikalische Größe direkt am Messinstrument ablesen.

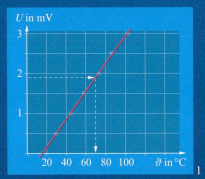
Eichkurve eines Thermoelements

Thermistoren. In einer zweiten Art der elektrischen Temperaturbestimmung wird ausgenutzt, dass der Widerstand elektrischer Bauelemente von der Temperatur abhängt. Als Bauelemente werden hierbei in der Regel nicht metallische Drähte verwendet, sondern Thermistoren, die aus einem Halbleiter-Material bestehen.

Metallische Drähte müssten lang und dünn sein, um als Widerstands-Bauelemente einsetzbar zu sein, denn kurze, dicke Drähte lassen den Strom fast ungehindert hindurch (vgl. S. 90 ff.). Im Vergleich zu Drahtwiderständen sind Thermistoren schlechte elektrische Leiter.

Wie verhält sich nun ein Halbleiter bei zunehmender Temperatur?

EXPERIMENT 3
1. Fülle ein 100-ml-Becherglas, das auf einer kleinen Heizplatte steht, zur Hälfte mit Wasser!
2. Verbinde die Anschlüsse eines Thermistors mit einer Gleichspannungsquelle!
3. Schalte in der Stromkreis einen Strommesser ein!
4. Befestige die Zuleitungen so an einem Stativ, dass der Thermistor vollständig ins das Wasser eintaucht!
5. Bereite eine Wertetabelle für Temperatur und Stromstärke vor!
6. Schalte die Spannungsquelle und die Heizplatte ein. Lies die Stromstärke immer dann ab, wenn die Temperatur um ca. 10 °C gestiegen ist. Trage Temperaturen und Stromstärken in die Tabelle ein!
7. Zeichne das Stromstärke-Temperatur-Diagramm!

Aus dem Diagramm (Bild 3) ist zu erkennen, dass die Stromstärke erst langsam, dann jedoch immer stärker mit der Temperatur wächst. Dieses Diagramm ermöglicht es, die einzelnen Temperaturen zu bestimmen, die zu den Stromstärken gehören und damit die Temperatur auf elektrischem Wege über die Stromstärke zu messen. Voraussetzung hierfür ist allerdings, dass stets die gleiche Spannung verwendet wird.

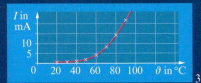
Stromstärke im Thermistor (U = konst.)

AUFGABEN

1. Verlängere den Graphen, den du im Experiment 3 ermittelt hast zu kleineren und größeren Temperaturen hin. Bringe Eis in das Becherglas in Experiment 3 und ermittle die Schmelztemperatur!
2. Verwende anstelle des Eises in Aufgabe 1 Spiritus. Erhitze ihn bis zum Sieden. Bestimme aus der Eichkurve, die du in Experiment 3 aufgenommen hast, die Siedetemperatur von Spiritus!
3. Die Eichkurve in Bild 3 wurde bei einer Spannung von 0,5 Volt aufgenommen. Berechne die Werte für den elektrischen Widerstand bei den verschiedenen Temperaturen.
4. Nimm an, dass der Thermistor dem Ohm'schen Gesetz gehorcht und erstelle eine Eichkurve für eine Spannung von 1,0 Volt!

Elektrische Füllstands- und Konzentrationsmessung

Elektrische Füllstandsmessung. Besonders für die chemische Industrie ist es wichtig, den jeweiligen Füllstand in Flüssigkeitsbehältern zu kennen. Ein Öffnen der Behälter ist dazu sehr aufwändig und oftmals wegen giftiger Dämpfe nicht möglich.

Auch ein Pkw-Fahrer möchte wissen, ob er genug Öl im Getriebe und Benzin im Tank hat. Früher wurden solche Messungen oft mit einem Messstab vorgenommen, heute wendet man in der Regel die elektrische Messung der Füllstandshöhe an. Dafür gibt es mehrere Möglichkeiten.

Im Benzintank eines Pkw befindet sich oftmals ein Schwimmer. Er ist über einen Hebelarm mit einem Drehpotentiometer verbunden (Bild 1). Bei vollem Tank befindet sich der Schwimmer oben, der Abgriff am Drahtwiderstand ist dabei in höchster Stellung. Das bewirkt einen kleinen elektrischen Widerstand und es fließt bei einer Bordspannung von 12 V ein bestimmter Strom durch das Messinstrument. Der Zeiger schlägt stark aus und zeigt „voll" an.

Mit dem Verbrauch des Benzins senkt sich der Schwimmer. Dadurch dreht sich der Abgriff am Draht zu größeren Widerstandswerten hin. Der Zeigerausschlag des Messinstruments wird immer kleiner, bis er Zeiger schließlich auf „leer" steht.

Eine andere einfache Lösung für eine elektrische Füllstandsmessung besteht darin, dass man in den Behälter zwei parallele vertikale Elektroden anordnet. Sie werden mit einem Strommesser in Reihe geschaltet und an eine Spannungsquelle angeschlossen.

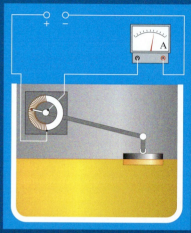

Prinzip der Benzinanzeige im Pkw-Tank

Der jeweiligen Stromstärke kann man entnehmen, wie viel Wasser sich in dem Gefäß befindet.

Elektrische Konzentrationsmessung. Die Anordnung von Experiment 4 ist auch geeignet, um die Konzentration einer Salzlösung zu bestimmen. Im einfachsten Falle misst man die Stärke des Stromes, der durch die Salzlösung hindurchfließt, wenn man eine Spannung anlegt.

Beim Stromfluss treten allerdings chemische Veränderungen in der Salzlösung auf. Diese werden durch kleine Gasbläschen sichtbar. Deshalb ist es notwendig, mit kleinen Spannungen und damit auch kleinen Stromstärken zu arbeiten. Außerdem sollte man den Strom jeweils nur wenige Sekunden fließen lassen.

EXPERIMENT 5

1. Baue eine Anordnung zur Konzentrationsbestimmung wie im Experiment 4 auf!
2. Verwende Kohleelektroden mit großen Oberflächen, die bis dicht über den Boden des Glasgefäßes reichen!
3. Stelle in mehreren Gefäßen Salzlösungen unterschiedlicher Konzentration her! Löse dazu im ersten Gefäß 0,1 g Kochsalz in 100 ml destilliertem Wasser, im zweiten Gefäß 0,2 g, im dritten 0,3 g usw. Sorge durch kräftiges Rühren dafür, dass alles Salz gelöst ist!
4. Stelle eine Spannung von 0,1 V ein und miss nacheinander die Stromstärke in den einzelnen Lösungen. Im Messgefäß muss die Lösung in allen Fällen gleich hoch stehen! Lass den Strom jeweils nur wenige Sekunden fließen!
5. Nimm den Konzentration-Stromstärke-Zusammenhang für deine experimentelle Anordnung auf. Zeichne das Diagramm als Eichkurve für deine Anordnung!

1

Je größer die Konzentration des Salzes in der Lösung ist, desto größer ist auch die Stromstärke. Das rührt daher, dass durch das Lösen einer größeren Menge Salz die Anzahl der wanderungsfähigen Ladungsträger in der Lösung zunimmt.

Bild 2 zeigt eine experimentell ermittelte Eichkurve, aus der man bei einer gleich großen Lösungsmenge die Konzentration einer beliebigen Kochsalzlösung entnehmen kann.

Den ungewünschten chemischen Veränderungen kann man dadurch entgegenwirken, dass man die beiden Kohleplatten nach jeder Messung für die Zeit des Auswechselns der Lösung kurzschließt.

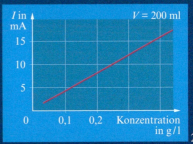
2

Zusammenhang zwischen Konzentration und Stromstärke

AUFTRAG 2

1. Entwickle eine Messeinrichtung, mit der man eine nichtelektrische Größe auf elektrischem Wege messen kann! Die Bilder auf der vorangehenden Seite geben dir dazu Anregungen.
2. Stelle die experimentelle Anordnung zusammen!
3. Ermittle in einem Experiment den Zusammenhang zwischen der nichtelektrischen und der elektrischen Größe und trage die Messergebnisse in eine Tabelle ein!
4. Zeichne die Eichkurve für deine Anordnung.
5. Führe zur Kontrolle eine Messung mit einem Wert durch, den du noch nicht verwendet hast. Stelle fest, ob sich das Messwertepaar auf deiner Eichkurve befindet!

AUFGABEN

1. Welche physikalischen nicht-elektrischen Größen kennst du, die elektrisch gemessen werden? Welches elektrische Messinstrument kann dabei Verwendung finden?
2. Nenne für jedes unter 1 genannte Beispiele ein „Gerät", in dem es Anwendung findet.
3. Skizziere für eines der unter 1 genannten Beispiele die Anordnung und Schaltung!

Analoge und digitale Messung

Analoge Messung. Die bisher beschriebene Anzeige bei der elektrischen Messung nicht elektrischer Größen erfolgte immer mit einem Zeigermessinstrument: Der Messwandler wandelt eine nichtelektrische physikalische Größe wie die z. B. Temperatur in eine elektrische Größe um. Ein Thermoelement erzeugt eine elektrische Spannung, die ein Spannungsmesser mit Zeiger zunächst als physikalische Größe anzeigt. Durch den Zusammenhang zwischen den beiden Größen kann eine Skala in °C angebracht werden. Kleine Veränderungen der Temperatur führen zu kleinen Änderungen der Spannung bzw. des Zeigerausschlags. Dieses Verfahren nennt man eine analoge Anzeige des Messwertes.

Der Genauigkeit einer analogen Messung sind dadurch Grenzen gesetzt, dass der Zeiger infolge der Reibung auf kleinste Änderungen der Spannung nicht reagiert. Anderseits kann man auf der Skala auch nicht beliebig kleine Ausschläge des Zeigers ablesen. Ein weiterer Nachteil kann daraus resultieren, dass das Messinstrument für seine Funktion eine gewisse elektrische Leistung benötigt, die der Messwandler gar nicht bereitstellen kann.

Digitale Messung. Neben dem analogen Messverfahren gibt es noch ein zweites, das so genannte digitale. Manche Anzeigeinstrumente stellen Messergebnisse sowohl analog als auch digital dar, wie zum Beispiel die Uhr im Bild 1.

Beim Ablesen einer digitalen Anzeige kann man kaum Fehler machen. Man braucht die Ziffern nur zu „lesen". Beim Ablesen einer analogen Anzeige gibt es stets eine Unsicherheit, weil die Zeiger meist den zwischen den Ziffern stehen.

Andererseits kann man bei der analogen Anzeige z. B. der Geschwindigkeit an einem Tachometer sehr gut erkennen, ob diese zunimmt oder abnimmt. Das wäre bei den sich ständig ändernden Ziffern der digitalen Anzeige nicht so leicht möglich.

Uhr mit Analog- und Digitalanzeige 1

Vergleich von analoger und digitaler Messung. Den prinzipiellen Unterschied zwischen einer analogen und einer digitalen Messung kann man sich anhand einer Walze vorstellen, die auf eine geneigten Ebene nach oben gezogen wird (Bild 2). Es soll die Höhe der Berührungslinie zwischen Walze und Ebene gemessen werden.

Analoge Messung: An dem angebrachten Maßstab kann man die Höhe direkt ablesen, z. B.: 5 dm. Beim Hinaufziehen kann man die Höhe auch ablesen, wenn sich die Walze 4,5 dm oder 5,25 dm über dem Boden befindet.

Digitale Messung: Die Walze wird auf einer Treppe nach oben gezogen. Die einzelnen Stufen sind 1 dm hoch. Befindet sich die Walze auf einer Stufe, so leuchtet die entsprechende Ziffer auf. Hat die Walze die 5. Stufe erreicht, so leuchtet die Ziffer „5". Beim Hinaufziehen kann man messen, dass sich die Walze vorher in 4 dm Höhe befindet und danach in 6 dm. Das Ablesen von Zwischenwerten ist dabei nicht möglich. Trotzdem kann die Genauigkeit einer digitalen Messung größer als die einer analogen sein. Man braucht die einzelnen Stufen nur genügend klein zu machen, z. B. 1 cm hoch.

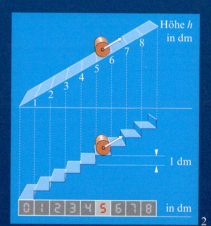

Unterschied der beiden Messverfahren 2

AUFGABEN

1. Nenne die Vorzüge und Nachteile der analogen Messung physikalischer Größen und erläutere sie an je einem Beispiel!

2. Nenne Vorzüge und Nachteile der digitalen Messung physikalischer Größen und erläutere sie an je einem Beispiel!

Register

Quellennachweis der Abbildungen

AEG Hausgeräte GmbH, Werkbund-Archiv, Berlin: 79/1. akg-images: 34/2, 35/1-2. Archiv Cornelsen, Berlin: 6/2, 7/1, 16/3, 18/1, 36/2, 46/1-3, 72/1. Ballonhafen, Berlin: 31/1, 31/3-2. BAM, Berlin: 63/1. Barg Baustofflabor, Berlin: 58/1. Bild der Wissenschaft, Stuttgart: 84/2. BMW Rolls-Royce GmbH, Oberursel: 74/2. Bundesverband Wärmepumpe, München: 83/1-4. Carl Zeiß, Oberkochen: 56/3. Casio Europe, Norderstedt: 116/1a, 124/1. Corbis/Hubert Stadler: Einband. DaimlerChrysler, Stuttgart: 118. DESY, Hamburg: 95/3-5. Deutsches Museum, München: 18/2, 34/1, 96/1-2, 76/1. DG Flugzeugbau GmbH, Bruchsal: 56/1. Drechselzentrum Erzgebirge/Haus Steinert, Olbernhau: 41/3. f1 online/J. Winter: 20/1. Focus SPL: 78. Haux-Life-Support GmbH, Karlsbad: 25/2. Helga Lade Fotoagentur Berlin: 10/4, 27/2, 40/2, 45/1, 48/1, 49/1, 51/1, 64/1. Hewlett-Packard Germany, Böblingen: 116/1c. IBM Deutschland GmbH, Stuttgart: 93/3. J. A. Becker & Söhne, Neckarsulm: 11/1. Kässbohrer Geländefahrzeuge GmbH, Senden: 6/3. Kerpe, Wien: 118/1. Leybold-Didactic GmbH, Hürth: 76/1. Luftschiffbau Zeppelin, Friedrichshafen: 36/1. Mauritius, Bildagentur, Mittenwald: 14/1. Messer Griesheim GmbH: 52/3. Metallbau Grasdorf GmbH, Holle: 7/3. Michel, Sindelfingen: 30/1. Novelan, München: 79/4. Oberhessische Versorgungswerke, Friedberg: 66/1. OKAPIA, Bildarchiv, Berlin: 27/3. photothek: 85/1. Phywe, Göttingen: 99/2, 103/1, 119/3. Poseidon Tauchprodukte GmbH, Kiel: 24/3 (5). PUNCTUM, Leipzig: 28. R. Stahl Fördertechnik GmbH, Künzelsau: 102/2. Ridders, Roosendaal, NL: 68/1. RWE Energie AG, Essen: 108/2, 119/2. Texas Instruments Deutschland, Freising: 116/1b. Thyssen Krupp Stahl, Duisburg: 37/1. Titanic Inc.: 25/1. ullstein bild: 95/1. Volkswagen AG, Wolfsburg: 75/1, 108/3. Wilke, H.-J., Dresden: 120/1-2, 121/2, 122/2, 123/1. Zettl: 33/1. ZLT Zeppelin Luftschifftechnik, Friedrichshafen: 3/1, 36/3.

Alle übrigen Fotos: Volker Döring, Hohen Neuendorf.

Aufbau der Erdatmosphäre

Druck in hPa	Temperatur in °C	Höhe in km		UV-Strahlung	sichtbares Licht
		— 1000			
		—			
		—			
		—			
	2 200	—			
	1 500	— 500	Nordlicht		
		—			
	700	—	Thermosphäre		
	0	— 100			
	−76	— 90			
	−76	— 80			
0,01	−60	— 70	Mesosphäre		
0,3	−10	— 60			
1	0	— 50			
3	−15	— 40	Stratosphäre		
13	−35	— 30			
			Ozonschicht		
56	−56	— 20			
280	−56	— 10	Troposphäre	Mt. Everest 8 848 m	
1 013	15	— 0			

Marianengraben 11 022 m